第一辑

0

上财商学评论

SUFE BUSINESS REVIEW

主题插画：百年商学

联系邮箱：

sufebr@mail.shufe.edu.cn

上海财经大学出版社

主管：上海财经大学　　主办：上海财经大学商学院

图书在版编目(CIP)数据

上财商学评论/魏航主编.-上海:上海财经大学出版社,2021.9
ISBN978-7-5642-3850-6/F·3850

Ⅰ.①上…　Ⅱ.①魏…　Ⅲ.①经济学-文集　Ⅳ.①F0-53

中国版本图书馆CIP数据核字(2021)第169635号

上财商学评论（第一辑）

编 著 者：魏　航 主编
责任编辑：朱静怡
出版发行：上海财经大学出版社有限公司
地　　址：上海市中山北一路369号(邮编200083)
网　　址：http://www.sufep.com
经　　销：全国新华书店
印刷装订：上海颛辉印刷厂有限公司
开　　本：889mm×1194mm 1/16
印　　张：12
字　　数：298千
版　　次：2021年9月第1版
印　　次：2021年9月第1次印刷
定　　价：68.00元

思想照亮前行

历史如炬，照亮现实。我们如果要探讨中国百年商学的进程，一定不能跳过1917年。这一年，南京高等师范学校开设了商科。虽然当时仅开设会计和普通商业两科，但也正是在这一基础上，中国第一所商科大学应运而生。1921年春，东南大学校长、“中国现代大学之父”郭秉文和暨南学校校长柯成懋联袂赴沪，会同上海商学各界名流，推选出黄炎培、黄奕柱、史量才、聂云台、马寅初、穆湘明、钱新之、简照南、高践四、赵正平等15人，组成上海商科大学委员会，负责筹办事宜，除了租赁霞飞路尚贤堂为校舍，还推选郭秉文为上海商科大学校长，聘请马寅初为教务主任、教授。

郭秉文塑像

马寅初塑像

开办商科乃至商业大学，是中国商业教育的一大飞跃。

此前，中国人的商业教育大多是采用学徒制，也就是说，通过师傅的传帮带来获得经商技能和人脉资源。但是，这种学徒制不仅会陷入师剥削徒的批评中，而且因为是家庭作坊，来自前人的经验不易被广泛推广。到了近代，商业急速发展，尤其是开埠之后八面来风的上海，更是一跃成为一个中外贸易兴旺、华洋商号林立、中西客商群集、商务繁盛、全国首屈一指的通商巨埠。商业形势的巨大变化，促成了上海对人才需要和对人才要求的多元化，传统的学徒制已经跟不上时代。此前，上海滩的五金大王、火油大王叶澄衷就拿出自有资金并利用自有场地开设了商务学堂，将传统的一对一的学徒制教育转变为相对规模的学校教育。

1918 年 10 月的《关于本校概况报告书》中，此时正代理南京高等师范学校校长的郭秉文曾指出，许多毕业学子缺乏职业技能，因此要提倡职业教育，倡导增设工艺、农业、商业等专修科，以满足中等职业教育的需求。

和郭秉文一样，马寅初毕业于哥伦比亚大学，也是一位经济学家，他的言论、著作，处处是学理与事实并重，处处都表现着言论合一的精神，他的教育思想更是始终主张学以致用。

可以说，开办商科大学可以服务中国商业的现代化进程，这也和将大学放在上海是同一个出发点，因为上海的巨大商业市场，需要有力量的支撑。当然，上海在商业上的急速发展也为商科大学的立足和演进给予了重要的资源，比如说能够提供有关实际培训和与现实的工商业进行接触的机会，还有巨大的、可供依靠的社会力量。

此后的上海商科大学，在时代的鼓点中一路高歌。与此同时，更多的知识分子投身其中。马寅初、朱进之、沈籁清、李道南、潘序伦曾先后担任教务主任，教员大多为留学英美学者。1924 年聘任的 24 名专任教师中，有留美经历的有 14 人，留英博士 1 名，外籍教授 2 名，占全体教师的 71%。

这些无疑帮助上海商科大学与上海乃至整个中国形成了良性的互动。它在着眼于社会需要的同时，通过教学和科研积极回馈社会，从而赢得社会的广泛赞誉。1932 年，上海商科大学独立建校，定名为“国立上海商学院”。此后经过一系列的更名，1985 年一脉相承的上海财经大学重装出发。

也是在 1932 年 11 月，国立上海商学院创办了《商兑》，为商学的发展提供学术讨论的平台。它无疑是其“人尽其责”的产物，对沟通学院与社会、融合学术与实践起到了积极的作用，同时也使青年学子在“风气浇薄、思想错综”的环境中有轨辙可循。

可以说，上海财经大学的成立发展，以及所走的每一步，都是这个时代需求的呼应，也和国家的脉搏一起跳动。到了今日，在闯过了风高浪急的“历史三峡”后，改革开放及以经济建设为中心，依旧让商学成为建设社会主义的重要力量。一方面，发展才是硬道理，我们既要有理论也要有方法，去指导和推进社会主义市场经济；另一方面，随着和平成为时代的主流，世界的多极竞争更多体现的是政治和经济的竞争。

为更好的培育人才，也为商学的发展提供讨论的阵地，更是为了在全球竞合的时代用思想来照亮商业前行的方向，我们在《商兑》的基础上，推出了这样一本《上财商学评论》。

它既可以依托上海特点、上财优势，为上财商学贡献声音和能力，成为传播商业文明的载体，还可以探寻“海派商学”的精神内核，为在商业现代化进程中发展得越来越精细、越来越科学化的新商学，链接所有的参与者，并用最深刻的思辨来激发想象及践行。

在这本《上财商学评论》中，我们以“百年商学”作为主题。一方面，是致敬，通过梳理百年商学的光荣与梦想，来进一步了解和把握它在中国乃至整个世界的演变，感受它的意义和价值；另一方面，是面向，通过思索商学所面临的爱与哀愁，来思考新商学的破局和提升。

近百年里，我们的商学虽然创造了不少影响和模式，然而也有时候为了过分追求它的科学性忘了自己从哪里出发，而缺失了思想性和实践性。今天的商学一定要与实践和社会经济结合，用理念指导实践，用实践来修正和提升理念。

上海财经大学商学院 行政办公楼

我们有个理想：商学院的教授不仅可以研究理论，也应该赋能商业实践，也可以去创业，成为企业高管，将管理技术转化为实务或者将专利转化为经济价值。这也意味着，在百年商学新的起点，我们要实践新的功能，让企业是带着真问题进来的，而我们的教授或研究者可以把研究应用化。今天商学教育依旧需要持续改革开放，它不仅体现在人才培养规模与数量方面的跨越式发展，也体现在商学教育领域人才培养方式更加产学研一体化。当大家的智慧能真正转化成实实在在的经济价值和社会价值，那么，商学才会有真正的未来。我们希望通过“百年商学”，来一起营造这样的意识和氛围。

百年商学之所以能走到今天，无疑要感谢很多人，包括像叶澄衷那样的开拓者，也包括像郭秉文、马寅初那些继往开来的仁人志士，我们需要知道，商战即国争，一个没有商业素养和文明的时代，很难有所进步。此外，我们也得思考，当百年商学在今天开始又面临着全新起点，我们需要什么样的新商学？从波特的战略理论，到德鲁克的管理理论，到特劳特的定位理论，再到科特勒的营销理论……它们虽然持续地影响过中国的商业进程，但有着千年商业智慧的中国，是不是更应该发展“中国特色的企业家精神”？

特别地，今天的世界，格局在急速变化之中，人工智能、产业互联网，以及数据驱动的商业时代已经到来，那么，商学教育又应该怎样顺时而动？

今天，当我们一一厘清这些问题，并用思想来浇灌商学的未来，那么，它也一定能在社会主义建设中冲锋陷阵，为我们的民族复兴，用我们的思想照亮前行的方向。

主编：

百年商学·访谈嘉宾

焦瑾璞

董国群

姜建清

刘晓春

管彤贤

尹志尧

黄震

目录

01

主题文章

上海陆家嘴

上海失落了吗？
开放精神与创新精神的再出发

文｜蔡亚华

上海，名字上蕴含着向海而生、向洋而兴的愿景和使命，品格上厚植了海纳百川的开放和创新。上海处于我国南北海岸线中部、长江入海口，是“黄金海岸”和“黄金水道”的叠加交汇处，是一个天然的江海港口城市。此外，上海地处长江三角洲，物产丰富的江南地域为其发展提供了广阔的腹地和辐射空间。依托襟江带海的独特区位优势，上海在三千年未有之大变局的历史长河中始终基于一种特别的站位、一种特殊的自觉，承担着独特的使命、扮演着独特的角色。

近代上海，不仅是中国最重要的港口城市，更被誉为远东巴黎、东方曼哈顿、远东第一大都会。她是“十里洋场”“冒险家的乐园”，她是中华民族“三千年未有之变局”的“风暴眼”，她是近代中国被列强分割的屈辱见证，她是中国共产党初心的“发源地”，她是改革开放的“排头兵”，她是创新发展的“先行者”。拿破仑说：“上海是东方睡狮睁开的第一只眼。”毛泽东说：“上海是近代中国的光明的摇篮。”习近平说：“看一百年的中国去上海。”上海，近代中国命运的缩影。

被动开放，权操诸人：开埠释放地缘优势

开埠前的上海，商业活动已经很活跃了。虽然十六铺码头一带已建有二十多个服务于南北商人的公馆，然而仍是不及江南经济重镇苏州，其原因在于清政府“闭关锁国”基本国策下的内向型经济格局。因此，长江沿岸的贸易中心是苏州，上海只能以苏州的外港发挥作用。而在海上贸易上，清政府实行广州一口通商的禁令，因此上海江海通津的优势也发挥不出来。

城市是人类组织生活方式、促进社会进步发展的产物。中国在三千年封建王朝的统治下，涌现出很多人口众多、商业繁荣的城市。但是，在封建制度下，城市的首要功能是维护统治者的利益，自然地，政治功能使之成为影响中国古代城市兴衰的主要因素。然而在全球背景下考察，以对外贸易和工商业发展为主要依托的近代城市相继崛起。当西方列强携工业化、全球化赋能的强大国力和坚船利炮造访时，孤芳自赏、闭关锁国的大清王朝的国运注定气数将尽。

1840 年，英国发动了以通商为目的的鸦片战争。1842 年 8 月 29 日，近代中国第一个不平等条约——《南京条约》签订。条约规定开放上海、广州、厦门、宁波、福州五个通商口岸，即五口通商。1843 年 11 月 17 日，上海宣布开埠。

开埠后，广州一口通商禁令解除，上海港被压抑的潜能得到充分释放。最典型的是上海取代广州成为中国对外贸易的首要港口。早期中国出口的货源（如丝绸、茶叶、瓷器等）大部分产于长江三角洲，但是只有广州一个通商口岸，物流和运输成本十分高昂，上海开埠后，贸易直接来到原产地附近，成本一下子就降低了。仅仅十年后，上海取代广州成为中国第一大港。通商贸易让港口和运输发展起来，二十年后，上海进出口贸易已占全国一半以上。随后，零售、批发的市场发达了，有了食品工业，又有了衣食住行等行业。再后来，修船、造船的需求强烈了，城市的制造业也发展起来了。于是，生产流通的各个环节带动了货物、资金、技术、人才等生产要素的聚集，上海不仅是贸易中心，也成了名副其实的生产中心。随着城市功能的日趋完整，一个超级工商业城市就此诞生。

五口通商的五个城市，为何只有上海发展起完整的工业门类，从而演化成一个现代化的工商业城市呢？

第一，契约文化完善。契约制度是现代企业的基础，然而乡土中国的社会结构呈现“差序格局”状态，也就是中国人依据关系的亲疏将交往对象分为“生人—熟人—家人”。在日常交往中，中国人遵循的不是契约文化蕴含的“普遍主义”交往法则，而是依据关系的亲疏展现的“特殊主义”。然而，区别于其他城市，上海作为大型陌生人社会，形成了重视信誉、契约的社会氛围。近

港口

代上海是大型的、异质的、流动性很大的陌生人社会，有大量江苏的、浙江的移民。在社会对于诚信的约束上，传统乡土中国人员流动性很低，靠的是无形的道德，靠的是一双双熟悉的眼睛、一代代不绝的口碑；城市陌生人社会流动性很高，靠的是一张张担保、一份份合同。上海工商社会本身具有一定的规范与净化机能，重视规范、遵守法制在上海人的日常生活中是不言自明的惯例。这种契约文化对于构建现代企业具有基础性的作用。

第二，人力资源充沛。上海地处长江三角洲，周边环抱着几百个古镇。每个古镇都有其手工业品，可谓“一镇一品”，古镇上大量的能工巧匠，在三千年未有之大变局中，转型成了产业工人，为上海现代工业的诞生提供了深厚的人力资本基础。

第三，工匠精神盛行。江南地区居民的生产方式与西方现代企业的基础—— “泰罗制”有其内涵上的共同性，即讲究分工、提倡工匠精神。江南地区河网密布，土地被分割成无数独立的区块。狭窄的空间、丰富的物产使生活在这里的人们以无比的精细、精巧安排着生产和生活。千百年来，这样的劳作既形成了高度的基于行业的分工，如种植业、养殖业、纺织业、酿造业等，也形成了基于专业技能的工种，如铁匠、铜匠、木匠、金银匠等。这种生产方式催生了江南工匠文化中的精细精巧、精益求精的精神，支撑了现代企业的诞生。

总结起来，1843 年开埠后的上海得开放风气之先，在较短时间内由被动开放带来的地缘优势释放经济潜能，发展成为中国最开放、最重要、最大的现代化都市。

古镇

主动开放，权操诸己：浦东开发开放激活城市综合资本

国际一线城市，往往都有自己独特的河流：巴黎的塞纳河，伦敦的泰晤士河，纽约的哈迪孙河，上海的黄浦江。这些流淌了几个世纪的河流，不仅是大都市的顶级自然资源，还映射着城市兴衰更替的轨迹。

黄浦江，上海的母亲河，承载着上海数百年兴衰荣辱的城市记忆。开发浦东，是历代上海人牵挂的心结。自1843年上海开埠以后，浦西和浦东发展不平衡的鸿沟日渐成为横在上海人面前的一道门槛。被黄浦江相隔，当时的浦东连“下只角”（上海话，指经济欠发达区域）都算不上，有的只是一片阡陌交错的农田。俗话说：“宁要浦西一张床，不要浦东一套房”，这不是偏见，“过江难，难过江”，使得黄浦江东西岸不在一个发展层面上。

实际上，历代仁人志士和上海管理当局均对浦东开发提出过高瞻远瞩的愿景。1922年，孙中山在《建国方略》中，就对浦东开发从战略层面做出了具体规划，提出上海“苟长此不变，则无以适合于将来为世界商港之需用与要求”，进而提出开发浦东、在高桥地区建设世界大港的畅想。1927年，国民政府提出“大上海计划”，要在浦东沿江地区进行城市化开发。两次淞沪抗战，使得该计划搁浅。历史把机会留给了社会主义新中国，上海市第一任市长陈毅曾经感慨：浦东是一块处女地，由于交通不便，一江之隔，就成了遥远的地方，多可惜啊。

改革开放初期，上海的发展进入了瓶颈期。从国内形势来看，上海的经济规模和GDP一直领先全国，但是开放度不够、经济优势弱化、中心辐射作用没有发挥。从国际形势来看，中国周边的国家，如日本、韩国都宣布建立各自的自由贸易区，加大了对外开放和招商引资的力度，这对中国的国际航运、贸易等方面形成了极大的挑战。1980年10月3日，《解放日报》发表上海社会科学院研究员沈峻坡的文章— “十个第一和五个倒数第一说明了什么—关于上海发展方向的探讨”，激起了整个社会层面对于上海未来发展方向的大讨论。

党的十一届三中全会以来，改革开放在南方率先破冰。1980年，党中央决定在深圳、珠海、汕头和厦门设立经济特区。那么，在改革开放的大潮中，上海该如何转型，哪里才是出路？

1990年初，邓小平同志听取了关于开发开放浦东设想的汇报后，明确表示支持，并且指出“上海是我们的王牌”。1990年2月26日，上海市委、市政府正式提出关于开发开放浦东设想的汇报。1990年6月2日，中共中央、国务院正式批复上海市委、市政府，原则同意上海的请示，同时指出，开发开放浦东是一件关系全局的大事，一定要切

实办好，使之与经济发展和建设外向型、多功能、现代化国际城市的要求相适应。

对于浦东开发开放，上海制定了“金融先行，贸易兴市，基础铺路，工业联动”的十六字开发开放战略。这十六字开发开放战略落到实处，便是陆家嘴金融聚集带、外高桥保税区、金桥出口加工区，以及纵横交错、贯通全市的道路、桥梁和隧道。十六字战略之所以成功，是成功激活了上海的城市综合资本，即硬实力和软实力，包括上海独特的地缘优势、卓越的资源禀赋、完整的工业门类、充沛的人力资本。当然，执行战略的过程布满了荆棘。

党中央、国务院对浦东的开发有如下表态：“开发开放浦东对于上海和全国都是一件具有战略意义的事情，中央给予必要的支持，全国各地也要给予积极的支持，但更主要的是要依靠上海人民的支持和努力。”于是，怎么去筹集发展需要的巨量资金成为摆在开发者面前的一道难题。

“穷则思变，变则通。”开发者在困难面前始终坚持以改革开放为己任、以国家战略为己任，这是一种始终将上海置于全国大局、全球大势内考察自身发展的自觉。正是基于这样的自觉，开发者逢山开路、遇水搭桥、筚路蓝缕，创办了上海证券交易所，创造了“土地空转、批租实转、成片规划、滚动开发”的全新开发模式，足实了“金融先行”这一首位战略，迈出了上海金融中心建设的第一步。其中，“土地批租”和“证券交易”两项制度创新是点石成金的关键胜负手。

第一，土地批租。在改革开放初期，关于姓“社”姓“资”意识形态的争论还没有从根本上破除，因此土地批租在当时的制度和观念上都面临着较大的障碍。在理论创新的基础上，开发者提出土地批租，符合马克思主义地租理论。1987 年《上海市土地使用权有偿转让办法》发布，办法规定，市政府对国有土地的使用权可以通过招标拍卖、协议等出让。1988 年，上海首次向外商出让土地使用权。通过公开招标，将虹桥经济技术开发区 26 号地块 1.3 万平方米土地的 50 年使用权以人民币 1.041 6 亿元的价格转让给日本孙氏企业有限公司。利用土地资源吸引外商投资，为上海推行建设项目用地的有偿使用积累了经验。基于这项制度创新，开发者用“土地空转、批租实转”的方式吸纳各种经济成分纷

上海黄浦江鸟瞰图

纷涌入这片投资开发热土，建设用地需求旺盛，浦东的开发开放、上海城市的改造与建设，由此走上了快车道。

第二，证券交易。证券交易被称为资本主义经济“皇冠上的宝石”，但实际上其本身只是一种筹集资金的资本运作手段。在改革开放初期，证券交易被视为资本主义的标志之一。1990 年，邓小平听取了浦东开发开放“金融先行”的战略后，有过精辟的论述：“金融很重要，是现代经济的核心。金融搞好了，一着棋活，全盘皆活。上海过去是金融中心，是货币自由兑换的地方，今后也要这样。中国在金融方面取得国际地位，首先要靠上海。那要好多年以后，但现在就要做起。”1990 年 11 月 26 日，上海证券交易所宣布成立；同年 12 月 19 日，上海证券交易所总经理尉文渊在浦江饭店孔雀厅敲响了上海证券交易所开市第一槌。上海证券交易所的成立，推动了中国资本市场的发展，也推动了中国要素市场的发展，是浦东开发开放“金融先行”战略的最重要抓手。

浦东开发开放是一次主动开放，浦东的发展创新是在开放状态下实现的。浦东开发开放取得了举世瞩目的成就。在改革开放的伟大征程中，浦东无愧于“排头兵中的排头兵，先行者中的先行者”。陆家嘴金融城成为中国金融机构最集中、金融要素市场最齐备、金融服务体系最完善、金融人才最密集的地区，聚集了近千家银行、证券、保险等持牌金融机构，还有证券、期货、保险、黄金等 13 家国家级要素市场和功能性金融基础设施，金融从业人员超过 30 万人。2021 年 3 月，最新一期 GFCI 国际金融中心指数发布，上海“坐三望二”，仅次于纽约和伦敦。浦东地区生产总值 1990 年为 60 亿元，2001 年突破 1 000 亿元，2018 年突破 1 万亿元。在上海范围内，浦东以五分之一的土地、四分之一的人口，创造了全市三分之一的 GDP、三分之二的外贸进出口总额。浦东开放取得的举世瞩目的绩效雄辩地证明：改革开放是决定当代中国命运的关键一招，也是实现两个一百年奋斗目标和中华民族伟大复兴的关键一招。在创新过程中，往往需要踩过一道又一道的红线，如何从制度上为创新保驾护航，只能靠更高级别的开放赋能。

如开篇所述，一条黄浦江贯穿上海，引领了上海数百年的发展基调。从开埠到浦东开发开放之前，它是生产之江，新中国的工业班底几乎都诞生于黄浦江边。上海开埠后的历史，也是黄浦江两岸变成码头、仓库、工厂的历史。然而，彼时也还没有一座跨江大桥，黄浦江割裂了浦东、浦西的共同发展。如今，黄浦江两岸积淀百年的工业文明，成为现代服务业发展的空间、文创的空间、公共活动的空间，它在整体功能上、布局上、视觉上，是一个全新上海的标记，一边是对金融中心的惊鸿一瞥，一边是对十里洋场的百年敬意，两岸截然不同的气质同时映射在民族复兴的伟大画卷上，交相辉映，错落有致。

开放竞风流，创新谱华章：永葆初心再出发

上海所取得的发展进步，靠的是主动拥抱开放，以开放倒逼改革，以改革释放红利，并以创新追求卓越。但是，自中美贸易摩擦、新冠病毒疫情起，全球进入数百年未有之大变局，国际政治、贸易、投资格局发生深刻挑战，逆全球化、贸易保护主义等思潮的兴起对中国“十四五”继续扩大开放、创新引领构成重大挑战。在这样的局面下，开放给上海带来的红利有所弱化。中央审时度势地提出“双循环”新发展格局，以国内大循环为主体，国内国际双循环相互促进。上海要着力打造国内大循环的中心节点、国内国际双循环的战略链接，必须加速培育新的战略引领优势。

新中国成立以来，上海的发展始终放置于长三角的一体化中，在国家的整体发展战略、全球的发展大势中进行定位和考察。改革开放以来，上海的城市发展的定位与时俱进地调整，内涵不断丰富，能级不断提高。每次关于上海的城市发展定位的调整，总能带来新的发展姿态、新的发展格局。上海是一座始终坚持以开放创新为己任、以国家战略为己任的城市，开路先锋、示范引领、突破攻坚，既是上海的使命、上海的价值，也是开放创新再出发的初心。

1990 年中央决定开发开放浦东之后，上海的城市定位提升为一个龙头、三个中心，即上海在长江三角洲的龙头作用，突出上海的国际经济、金融、贸易中心。1994 年更新为一个龙头、四个中心（加上了国际航运中心），并于 2001 年写入国务院批复同意的《上海市城市规划（1990—2020）》。这个表述沿用较长一段时间。2017 年，上海制订新的城市规划，又加上了科技创新中心，即五个中心。同年国务院批复同意的《上海市城市规划（2017—2035）》对上海的定位是：我国的直辖市之一，长江三角洲世界级城市群的核心城市，国际经济、金融、贸易、航运、科技创新中心和国际文化大都市，国家历史文化名城，并将建设成为卓越的全球城市、具有世界影响力的社会主义现代化国际大都市。

2019 年习近平总书记在上海考察时指出，上海要强化全球资源配置、科技创新策源、高端产业引领、开放枢纽门户四大功能，进一步强化和培育好这四大功能，实际上也是进一步引领上海“五个中心”和“四大品牌”建设，进一步推动和加速上海提升城市能级与核心竞争力，从而更加突出上海高质量发展的主题和主线。四大功能均是围绕提升上海城市能级与核心竞争力而展开，“强化全球资源配置”是重要条件，“强化科技创新策源”是根本动力，“强化高端产业引领”是重要抓手，“强化开放枢纽门户”是根本方向。四大功能深刻揭示了城市，特别是像上海这样的超大型城市发展的全球化、创新性、高端

上海环球金融中心

化以及开放性等重要特征和趋势，全面、系统指出了上海实现全面高质量发展的动力、手段、方向以及突破口。

回溯上海并不算悠久的历史，检视其从无到有、从小到大、从大到强的历程，不难发现，开放一直是上海各个发展阶段最笃定的品格。开放是活力的源泉，开放是创新的前提。1843 年开埠以来，上海得开放风气之先，可以说当代上海因开放而兴，因开放而盛。从开放的逻辑来看，开埠之后的开放是面对西方列强坚船利炮的威胁下“被动开放”的结果；改革开放初期的开放以“请进来”为主，主要是大力引进境外资金、资源、人才、制度等各种生产要素；在新形势下，尤其是在新冠病毒疫情造成的不确定下，面临逆全球化思潮兴起、外部需求疲软、跨国公司近岸布局、供应链由全球化向区域化加速演变等特征,上海正在进一步倒逼更高层次、更具吸附力的开放路径。习近平总书记要求上海要强化开放枢纽门户中，既体现了经济全球化的发展规律、发展趋势，也体现了上海发展的最大优势和内在要求。一方面，我们要看到，强化全球资源配置首先需要开放市场，科技创新策源离不开全球开放和创新网络；另一方面，开放发展是全球化和世界经济的内在规律。今天，我们虽然面临逆全球化思潮的干扰和影响，甚至面对贸易保护主义的不断加剧等挑战；但是从根本上来说，开放发展仍然是世界经济的基本规律和必然趋势，特别是全球跨国公司推动并参与的全球产业链、价值链分工体系，不可能因为贸易保护等被人为割裂。在承担开放枢纽门户功能中，中国国际进口博览会是迄今为止世界上第一个以进口为主题的国家级展会，是国际贸易发展史上一大创举。举办中国国际进口博览会，是中国着眼于推动新一轮高水平对外开放做出的重大决策，是中国主动向世界开放市场的重大举措。这体现了中国支持多边贸易体制、推动发展自由贸易的一贯立场，是中国推动建设开放型世界经济、支持经济全球化的实际行动。

创新是发展的原动力，离开了创新谈发展是无源之水、无本之木。在创新方面，上海一直走在全国前列。党和人民给上海布置的任务在哪里，创新的步伐就跟到哪里。无论是作为全国改革开放的“试验田”，还是“排头兵”“先行者”，从某种程度来说，上海这座城市发展到今天，靠的就是源源不断的创新释放的巨大红利。

党的十八大以来，我国坚持创新在发展全局中的核心地位，把科技自立自强作为战略支撑。2014 年，习近平总书记考察上海，要求上海要加快建成具有全球影响力的科技创新中心。2016 年，国务院批准上海加快建设科创中心方案。2017 年，上海制订新的城市规划，加上了科技创新中心，即五个中心，面向世界科技前沿、面向经济主战场、面向国家重大需求、面向人民生命健康，深入实施创新驱动发展战略，勇做科技创新的开路先锋，敢创世界和未来之新，成为科学新发现、技术新发明、产业新方向、发展新理念的重要策源地，源源不断提供高水平科技供给。

上海目前承担科技创新策源功能的重镇在张江国家自主创新示范区，它是1991年国务院批准成立的中国首批国家级高新区。2011年，国务院批复同意上海张江高新技术产业开发区成为第三个国家自主创新示范区，重点发展集成电路、高端装备制造业、生物产业、新能源、新材料、节能环保、新能源汽车、航空航天等关系我国产业链可控制度的关键产业。到2020年，基本建成世界一流高新区，成为全球影响力的大科学装置集聚中心、高端人才集聚中心、科技金融中心、技术交易中心和高新技术产业发展基地，成为上海代表中国参与国际高新技术产业竞争的王牌。

大科学装置是这张王牌中的王牌，是名副其实的大国重器。大科学装置能够解决重大科技前沿、国家战略需求中的战略性、基础性和前瞻性科技问题，是国家基础设施的重要组成部分。从创新的功能来说，大科学装置解决的是从0到1的问题。目前，张江示范园高浓度集聚了从上海光源、国家蛋白质科学研究（上海）设施到硬X射线、软X射线再到超强超短激光、中科院微小卫星创新研究院等10余个大科学装置，覆盖光子科学、生命科学、海洋科学、能源科学等领域，全球规模最大、种类最全、综合能力最强的大科学装置群正在张江集体出道，构成了上海发挥科技创新策源功能的“排头兵”和“先行者”。

以上海光源为例，这里安置着中国规模最大的同步辐射光源大科学装置。这个高能加速器释放的光，亮度是普通X光的百亿倍。基础科学的每一个领域的实验室几乎都依赖于能源环境。要想

上海国家会展中心 进博会展馆

了解物质的微观结构，就需要高精度的探测手段——高亮度X光，用这种光源测定的物质结构可分辨到0.1纳米，即一根头发截面的50万分之一。目前，每年有超过1 000个课题组用上海光源做研究。在此次新冠病毒疫情防控工作中，中科院微生物研究所的研究人员利用BL17U1线站解析了抗体-新冠病毒S蛋白复合物的高分辨率晶体结构，阐明该中和抗体抑制病毒侵入动物细胞、阻断病毒感染的结构生物学机制。上海光源在其他多个重大公共卫生安全事件中均发挥了重要价值。世界十大制药公司中，诺华、罗氏、葛兰素史克、辉瑞等均利用从上海光源获得的大量结构数据进行新药研发，聚集在上海张江的生物医药公司大多已成为上海光源的用户，借助上海光源开展新药研究，已有多个新药进入了临床试验阶段，初步形成了制药企业科技服务产业集群。

在大科学装置的牵引下，上海重大科技创新成果不断涌现。党的十九大报告列举的6项重大科技成果：蛟龙、天宫、北斗、天眼、墨子和大飞机，上海都做出了重要贡献；超强超短激光装置实现10拍瓦激光放大输出，脉冲峰值功率创世界纪录；诞生国际首例体细胞克隆猴，国际首次人工创建单条染色体的真核细胞；全球首张“黑洞”照片公布，上海天文台牵头国内学者参与；在英国《自然》杂志评选的2019年度全球十大优秀科学论文中，2篇中国论文入选，均出自上海；蓝天梦、中国芯、创新药、智能造、未来车、数据港等新兴产业加快发展。

创新活动的核心，一是“创”，即从0到1的突破，这是质的变化，基础创新、大科学装置主要是面向“创”，是重中之重；二是“新”，即从1到1 000的突破，这是量的变化，应用创新弥足珍贵。在上海加快建成具有全球影响力的科技创新中心、发挥科技创新策源功能需要应用性创新的过程中，微观企业是主要的创新主体。对于企业而言，创新，尤其是探索性创新，是一项沉没成本极高的商业活动，需要厚实的土壤、包容的环境和各种生产要素的集结。科创板和改善营商环境是两个具体抓手。

第一，上海证券交易所设立科创板为各类创新主体做大、做强提供了“孵化器”和“加速器”。科创板试点注册制，是中国A股市场设立以来发行上市制度最为重要的创新。科创板作为一项国家战略，对于上海科技中心的建设、对于上海发挥科技创新策源功能，都会起到很大的推动作用。

第二，厚植优渥的营商环境，为各类创新主体提供更好的创新发展土壤。让创新能通畅地从0到1 000，离不开科学、开放、灵活的政策支持和对知识产权的保护。为此，上海努力在改善营商环境上做文章，用“店小二”精神改善营商环境。从负面清单管理到证照分离，从一网通办到一网统管，上海立于放管服改革的前沿，初步建成了现代化政府治理体系的上海样本，从而使得各

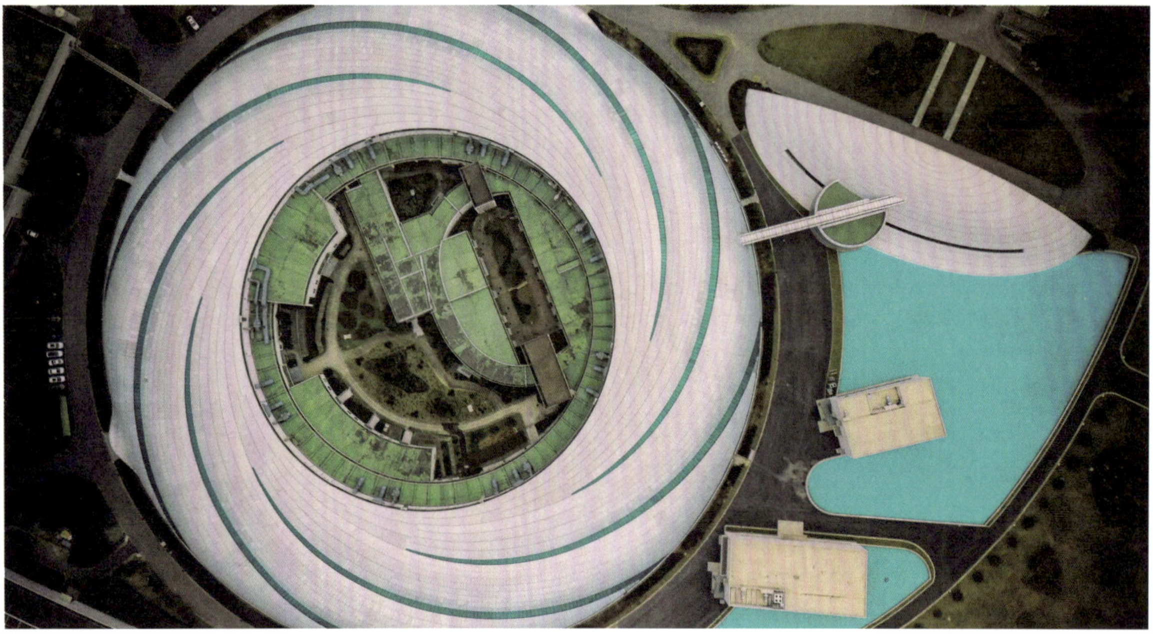

上海光源 SSRF

个创新主体都能够高效、有序地向前推进。此外，上海扎实推进《关于强化知识产权保护的意见》贯彻和落实工作，对标国际知识产权保护标准，全力打造国际知识产权保护高地，聚焦企业创新发展需求，以知识产权政务服务事项的优化和拓展为载体，推动线上线下服务深度融合，持续推进知识产权保护理念创新、保护流程再造、保护能级提升，从而激活各个创新主体的创新动力，让企业敢于创新，勇于创新。

2021 年 1 月 24 日，上海市十五届人大五次会议正式开幕。上海市市长龚正宣布：上海已经形成具有全球影响力的科技创新中心的基本框架，建成软 X 射线、超强超短激光等一批国家重大科技基础设施和 15 个研发与转化功能型平台，集成电路、生物医药、人工智能三大“上海方案”加快实施，全社会研发经费支出相当于全市生产总值的比例提高到 4.1% 左右。从国内看，上海 2020 年发明专利申请量和授权量分别为 8.28 万件和 2.42 万件，同比分别增加 16.01% 和 6.48%；PTC 专利申请量 3 558 件，同比增长 29.85%；有效发明专利拥有量 14.56 万件，同比增长 12.20%，每万人口发明专利拥有量 60.21 件，在全国各省市中排名第二。从国际看，英国《自然》杂志增刊《2020 自然指数— 科研城市》显示，上海在全球科研城市中排名第五。

鉴照未来路，上海目前也正在面临着极大挑战。

挑战一：上海率先开放的红利已基本释放，开放引领发展的动力已有所弱化。

从国内发展格局看，我国开放战略布局已从沿海拓展到全国一盘棋，上海率先开放的红利已经不再。兄弟省市在扩大开放方面各出奇招，力度很大，部分省市(如海南、深圳)开放力度实际已超上海，西安、重庆、广西、云南等西部省市向西、向南开放也在加速推进，我国已呈全面、全方位开放格局。从国际形势来看，全球化面临着前所未有的冲击，开放带给上海的红利优势正加速弱化。基于此，中央审时度势地提出“双循环”新发展格局，以国内大循环为主体，国内国际双循环相互促进。上海要着力打造国内大循环的中心节点、国内国际双循环的战略链接，必须加速培育新的战略引领优势，进一步倒逼更高层次、更具吸附力的开放路径。从改革开放春风吹拂的时间顺序来看，深圳是改革开放的桥头堡。因此，深圳与上海在不同的发展维度经常被用来比较。放眼世界，全球顶级城市的竞争从来不是单个城市间的单打独斗，而需要周边地区的战略性支撑。上海作为长三角的龙头城市，深圳作为粤港澳大湾区的核心引擎，两者进行比较时须放置在长三角和粤港澳大湾区两个超级经济带的发展模式范畴下考察。同时，在理解双循环发展格局时，我们必须牢牢地把握其是以国内大循环为主体。因此，高水平执行长三角一体化国家战略是上海建设国内大循环中心节点的关键胜负手。在这个过程中，上海必须深刻地意识到其和长三角其他城市不是中心外围关系，而是战略协同、精巧分工、互为支撑的关系。只有拥抱长三角、服务长三角，上海才能真正成为卓越的全球城市。目前，上海正以嘉定、青浦、松江、奉贤、南汇五个新城，以“一城一名园”建设为抓手，构建形成长三角一体化发展格局，实施长三角一体化发展战略。通过高起点布局高端产业，高浓度集聚创新要素，构建各具特色、错位竞争的产业体系，打造产业发展新高地。同时，以两批 40 个特色产业园区为载体，让“好项目不缺土地、好产业不缺空间”，持续吸引集成电路、生物医药、人工智能先导产业，为上海“十四五”制造业发展蓄力增能。

五个新城的定位不是以往概念中的郊区卫星城，而是把五个新城放在长三角世界级城市群的定位上进行考量，所以定位为面向长三角的独立的综合性节点城市。加强新城与上海中心城、新城与新城之间、新城与长三角 40 个城市之间的功能互补、赋能互动，从而成为服务辐射长三角的战略支撑点。五个新城的建设主要发力点在于构造其自身的造血功能。以往的郊区较多承担着为中心城区疏散人口、承接产业转移的功能。区别于历史上的郊区“新城”，五个新城是具有开放性、外向性的城市，都处在长三角一体化重要的发展轴上，是长三角都市圈的节点城市，其自我造血功能来自产业的发展。根据各新城最新发布的“十四五”规划建设行动方案，五个新城在产业发展方面各有各的王牌：嘉定新城主打“国际汽车智慧城”、青浦新城将建成“长三角数字干线”、松江新城突出“G60 科创走廊”、奉贤新城打造“东方美谷”、南汇新城推进“数联智造”名园建设。

挑战二：来自杭州的长三角数字经济第一城之争。

人类历史上先后发生了三次工业革

命，每一次工业革命都深刻地影响着世界格局。第一次工业革命使人类进入“蒸汽时代”，也让英国成为 19 世纪当仁不让的全球霸主；第二次工业革命使人类进入“电气时代”，让美、德等西方国家全面崛起；第三次工业革命使人类进入“信息时代”，直接催使美国在 20 世纪后半叶领先世界。目前，新一轮工业革命的进程如火如荼，其中的核心是新一代信息技术与制造业深度融合，即制造业、生活场景、城市治理等全面数字化转型升级将对未来城市发展产生全方位、深层次、革命性影响。2017 年 11 月，国务院出台《关于深化“互联网 + 先进制造业”发展工业互联网的指导意见》，此后，国家相关部门和地方政府密集出台了一系列相关政策来推动工业互联网的实施，工业互联网建设的顶层设计框架和政策支撑体系日益完备。

可以说，在新一轮工业革命的背景下，哪座城市能全方位、高能级、强联动地率先完成数字化转型，哪座城市便是未来十年的领头羊。在创建“数字经济第一城”的道路上，杭州已经领先其他城市一个身位。在城市数字化转型的道路上，杭州的先发优势较为明显。2018 年杭州提出要打造“全国数字经济第一城”。在此之前，杭州依托阿里巴巴、蚂蚁金服等头部互联网企业开启数字发展之路，不仅在全国最早实现“扫码乘车”、电子社保卡全流程就医的城市，还拥有全国首个城市大脑、首家跨境电子商务综合试验区。截至 2018 年，杭州数字经济连续 14 个季度保持两位数以上增长，对全市经济增长的贡献率超过 50%；163 家上市企业中，数字经济领域企业占据半壁江山。2018 年，城市大脑综合版发布；2019 年，杭州提出打造“全国数字治理第一城”目标；2020 年 2 月，新冠病毒疫情发生以来，杭州首创健康码、企业复工复产数字平台、亲清在线等成为第一个创建健康码用于社会治理的城市、第一个实现惠企政策一键直达企业。

放置于长三角一体化的国家战略背景下考察，上海想要成为长三角数字经济的领头羊面临着挟先发优势的杭州的挑战，但是上海的数字化转型的优势也十分明显。

第一，上海有最领先的信息基础硬件设施。上海目前已经率先成为 5G 和固定宽带“双千兆”第一城。

第二，上海有海量的价值数据。上海作为一座常住人口接近 2 500 万，经济总量全国第一的超大型城市，具有丰裕、高质的数字流量。

第三，上海有丰富的应用场景。上海社区、企业、医院、学校、交通、旅游景区、楼宇场馆等应用场景，对数字化转型十分重要，一应俱全。

第四，扎实的科技和高端制造业基础。截至 2020 年年底，虽然数字经济对杭州 GDP 的贡献率超过 50%，但是工业增加值增速则多年处于个位数增长。这里有一个有意义的转变，传统的“微笑曲线”认为从产业链的角度来看，设计和分销占据了整个产业链的大部分，制造业的利润相当薄，全球化加速了利润分配的不平衡。但是，目前中国要在数百年未遇大变局中摆脱“卡脖子”境遇，制造业是国之重器，是实现中华民族伟大复兴梦的关键所在。以手机芯片为例，华为的芯片设计已经是全球领先的水平，华为的分销网络业遍布全球，在欠发达国家更是有先发优势，但是由于其还不掌握手机芯片制造工艺，因此，5G技术领先竞争对手的华为最新发布的旗舰手机机型P50没有5G功能。高端制造业受制于人的恶果可见一斑。痛定思痛，巩固实体经济成为国内强一线城市共同的政策导向。上海拥有10多个大科学装置和数量众多的高水平科研机构，在集成电路、人工智能、生物医药等高端制造业领域已经取得重要进展，是双循环格局下解决“卡脖子”问题的绝对排头兵和先行者。

第五，充沛的人力资本。目前，5G相关的50%的研发人才、集成电路产业和芯片产业40%的研发人才、人工智能产业三分之一的研发人才集聚在上海。

依托这五方面优势，上海数字化转型的具体抓手是“1+3+X”的政策组合拳：“1”是指2020年年底出台的《全面推进上海城市数字化转型的意见》；“3”是指出台经济数字化、生活数字化、治理数字化的三年行动计划；“X”是指制定若干行业数字化转型的具体行动方案。

【结 语】

文中部分资料和数据参考了《上海城市品格读本》，熊月之著，上海人民出版社；《大上海》，董云虎编，上海人民出版社。版权属于原作者。

在战火纷飞的年代，中国民族企业家在列强包围的夹缝中为了兴办实习，殚精竭虑，筚路蓝缕，以“位卑未敢忘忧国”的站位和开放、创新的品格，在上海形成了面粉、纺织、造纸、卷烟、火柴、肥皂、皮革和橡胶八大支柱产业，谱写了上海工商业的传奇。两次淞沪抗战向世界展示了中国人民“宁死不屈，血战到底”的民族气节，同时给中国民族工业内迁争取到了宝贵的时间，内迁后的民族工业是新中国工业体系的基本班底。更重要的是，开放、创新的品格矢志不渝地烙在上海的基因里，一代又一代的建设者从中汲取继续奋进的智慧和力量。新中国成立后，开发者秉承开放和创新的理念，做出了浦东开发开放的伟大决策。如今，全球新一轮科技革命和产业变革蓬勃兴起，上海正在坚定不移走科技创新之路，开放合作共赢之路。回顾来时奋斗路，开发和创新是上海这座伟大城市最笃定的品格。鉴照未来奋进路，要想发展好上海，我们只能把开放的“门”打得更开、把创新的“火”点得更旺，让上海焕发更蓬勃的生机，为长三角、为中国、为世界做出更大的贡献。商

商学百年，企业家的进化

文 | 卓立

特邀点评 | 吴晓波

财经作家，890 新商学、蓝狮子出版创始人

经历了 40 多年的改革开放，中国的资本环境进入了一个新阶段，随之出现了一批新物种，那就是“企投家”。

他们是一个个优秀的企业家，在相当长的时间里耕耘自己的领域，完成了产业积累，同时也顺应了全球化资本市场的变化，让实业和经营形成了一种交互。作为企投家，他们对金钱、资本保持敬畏和理性的看法。

与企投会共成长的时间里，我感受到每一位企投家对企业经营、产业发展、财富和自我的认知都在不断迭代。我认为，从企业家到卓越的企投家有三个境界。

第一个境界，“十年磨一剑，霜刃未曾试。今日把示君，谁有不平事。”

每一位企投家都在商海摸爬滚打多年，可谓“十年磨一剑”，当成为某一个领域的专业人士时，要问天下“谁有不平事”，将自己的企业与产业创新连接在一起。

第二个境界，“男儿何不带吴钩，收取关山五十州。”

中国很大，整个中国市场、全球资本领域还有很多变革，那我们所形成的“磨剑”能力，可不可以在一个更辽阔的疆域和空间中发挥，从而获得更大的成功和快乐？

第三个境界，“东方欲晓，莫道君行早。踏遍青山人未老，风景这边独好。”

此时，“收取关山五十州”已经是一件稀松平常事。更放松的心态，“企 + 投”的身份，产融结合、产投结合的收获，让我们感觉“风景这边独好”。

我希望每位企业家都可以历经这三个境界，在更广阔的天地里获得内心的充实与平静。

“保守的老王”和“激进的老张”的故事

老王是一位“60 后”企业家，在浙江的区县开纺织厂，他是一位品格优秀的企业家。他勤奋、刻苦、诚实、节约，做生意对上下游企业非常厚道，既不拖欠货款，产品质量也好。他对自己要求特别严格、节俭，即使是大夏天，自己的办公室也不开空调。靠着这种精神，他的纺织厂成了当地的行业龙头。但是现在，他的企业已经破产清算。

为什么会这样？因为当他的企业发展到一定程度的时候，受产能扩张和上下游账期错配的影响，他的资金开始出现问题，进而导致一系列恶性循环— 技术更新跟不上、人才储备跟不上、产品迭代跟不上。而他的想法是：我老老实实做生意没有错，为什么要去抵押融资？为什么要向银行和金融机构借钱？

老王是比较典型的老一辈企业家思维，只知道低头干活，虽然赶上了中国改革开放的大趋势，投入商海，获得成功，但是在关键时刻却错过了另一个机遇、错过了产融时代，没有形成资本化的能力，在下半程被迫下车。他也没对个人财富做好规划，导致企业失败的时候连累到家庭，非常可惜。

和他相反的是老张。他通过企业经营积累了原始财富，又赶上了资本市场的繁荣时期，企业上市了，个人资产与企业财富急速聚集、增长。这个时候，老张面临的是“有这么多钱，我该怎么办”的苦恼。券商、投行、私募一哄而上，“你要投资啊！”“你要盘活资产、要跟上新时代的步伐、要追赶新兴行业！”“做实业那么辛苦，你应该把股票质押进行投资。”“来吧，我们一起脱实就虚，迈向全新的时代。”

于是，老张想鸡蛋不能放在一个篮子里，就进行多产业布局，地产、游戏、影视、农业、教育、养老、新能源……都来一点，总能东边不亮西边亮。但因为盲目扩张，专业与投后管理能力跟不上，结局也不好。

如果说，老王是不敢花钱更不知道怎么花“别人的钱”，那老张是有钱不懂怎么花。不管如何，这都让他们错过了正在拉开大幕的好时代——从单一的企业经营到产融结合，再向“产业 + 资本”迈进的产投时代。这就让他们很难顺应潮流，成为光辉夺目的新物种成员。

一

新物种——企投家。

早在2017年3月，吴晓波在《从今天起，有一类企业家叫做“企投家”》[①]中提出了企投家的概念。

所谓企投家，其实是兼具企业家和投资家的融合性角色，具有鲜明的两栖特征。他们既能经营好实业，也能运转好资本；他们既栖于钟爱的实体产业，让它迭代进步永续发展，也栖于“非理性繁荣”的资本市场，让企业与自己的财富在运动中增值。

一开始，很多人不理解这个概念，也对新物种感到新鲜。事实上，企投家的前身很早就出现了，像上海开埠后“宁波帮”的严信厚，就是一手实业、一手金融。实业上，严信厚先后在宁波、杭州、萧山等地开设通久源机器轧花厂、通益公纱厂和通惠公纱厂，成为中国纱业的先行者，也是中国第一个投资于机器纺织工业的企业家；金融上，他更是有先见之明，不仅手头握有网络遍布大江南北的著名南帮票号“源丰润”，还受盛宣怀邀请，和叶澄衷、朱葆三、张振勋一起成为中国第一家华资银行“中国通商银行”的发起人，并出任总经理。正是这种“两手抓两手都要硬”，让严信厚的金融业成为有源之水、有根之木，让他的实业流动着发展的血液。

正因为严信厚和子女不断通过票号和银行对企业进行投资，促进了中国民族工业的发展，也进一步扩大了“宁波帮”在中国的影响。此后，“宁波帮”在他的鼓励下积极投身民族工业，在棉纱纺织、面粉食品、草编草席等轻工业、手工业，以及保险、证券、信托投资等中国近现代金融行业等领域都有他们的身影。

《宁波帮：天下第一商帮如何搅动近代中国》[②]一书将“宁波帮”视为天下第一商帮，正是缘于这个群体在企业经营与产业投资上的共同觉醒。他们不像传统的晋商和徽商在赚取利润后将金钱花在购置田地和奢侈性消费上。

如果说，严信厚还处于企投家意识萌芽时期，那么，随着中国的商业文明从产业商业主义时代向产投商业主义时代急速迭代衍变，资本对实体经济的渗透、冲击和辅协能力指数级增加。这不仅意味着企业将面临资本化的挑战和机遇，而且企业家的角色定义也正同步发生变化。在资本的意义上重新理解和认识实业，学习用融资和投资的方式促进财富增值，是企业家进化的必经之路。

这是商业在近代百年中最动人的转折。它让纯粹的企业家转型升级为企投家。尽管在摸索过程中不少人以失败告终，但并不妨碍这一新物种在过去的二十年里成为全球商业界最大、最值得关注的成功者。

①吴晓波．从今天起，有一类企业家叫做“企投家”[EB/OL].(2017-05-13).搜狐网，https://www.sohu.com/a/140239596_137204.

②王千马．宁波帮：天下第一商帮如何搅动近代中国[M].北京：现代出版社，2015.

二

在《从今天起，有一类企业家叫做“企投家”》一文中有几位典型的企投家。

一位是软银帝国的孙正义，他不仅手握电信、银行等实体型产业，还通过对雅虎、阿里巴巴等公司的投资获得了巨大的收益。创办了 Paypal 和特斯拉的马斯克，作为典型的企投家，他的基金投资了医药、人工智能等多个领域。参与了 Paypal 创办的彼得·蒂尔，正是 Facebook 和 LinkedIn 的早期投资人，他的投资还包括 SpaceX、Yelp、RoboteX、Quora 和 Spotify 等多家硅谷顶级公司。

我国的企业家群体中也不乏一些先见之明的人物。联想集团的柳传志，在不惑之年创办了“联想集团”，还创办了投资界的明星级投资机构— 弘毅资本和君联资本。雷军既是金山软件和小米科技的缔造者，也是中国最早的天使投资人之一，先后投资了卓越网、UC 优视、欢聚时代、拉卡拉、凡客诚品和好大夫等上百家创新型企业。

阿里巴巴 Alibaba.com	阿里巴巴集团+阿里资本	HUAWEI	华为集团+哈勃投资
Tencent 腾讯	腾讯集团+腾讯资本	Microsoft	微软+瀑布投资
	苹果公司+苹果产业基金	OPPEIN 欧派	欧派橱柜+欧派投资
xiaomi	小米公司+顺为资本	ANTA	安踏集团+跨国并购
中信银行 CHINA CITIC BANK	中信集团+中信产业基金	京东	京东+汇禾资本

这些大公司都是企投高手

在他们的身上，鲜明地体现出以下特质：一是有敏锐的觉察力，能提前洞察中国的商业文明正从产业商业主义时代向产融商业主义时代急速地迭代衍变；二是善于把握形势，创业、投资两不误，把实体经营的智慧融通于风险投资，再从投资的视角反观实业；三是善于通过投资进行财富增值，在财富得到几何级增加的同时给企业创造“第二生命力”。

为了更好地了解中国企投家的情况，通过样本调查发现，中国企投家有如下分布和特质。

本文图表数据（除注明外）来自2021中国企投家白皮书报告调研问卷。

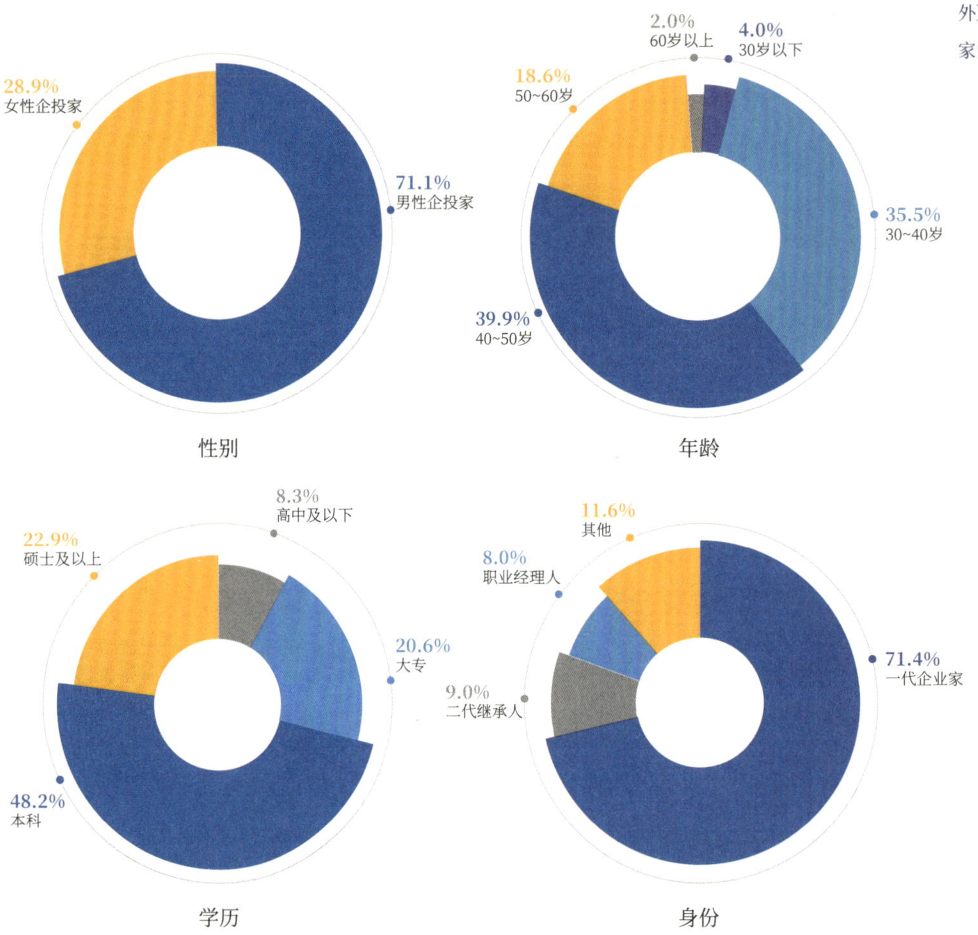

受访企投家基本状况

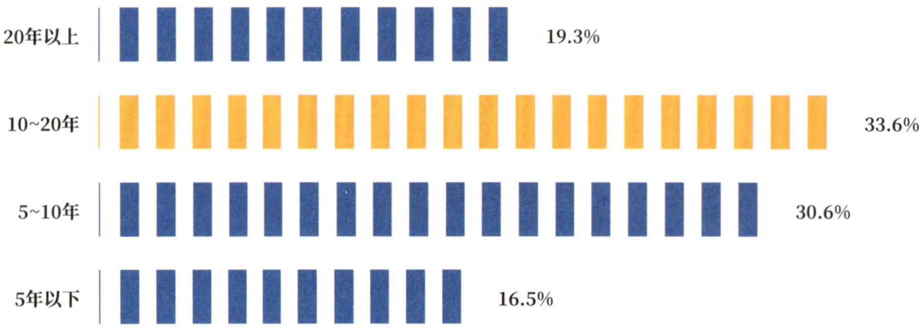

受访企投家企业的成立时间

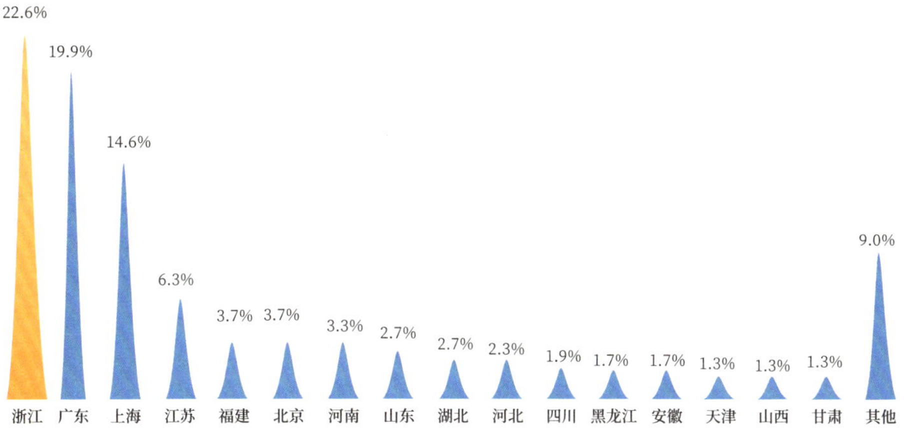

受访企投家企业的地域分布

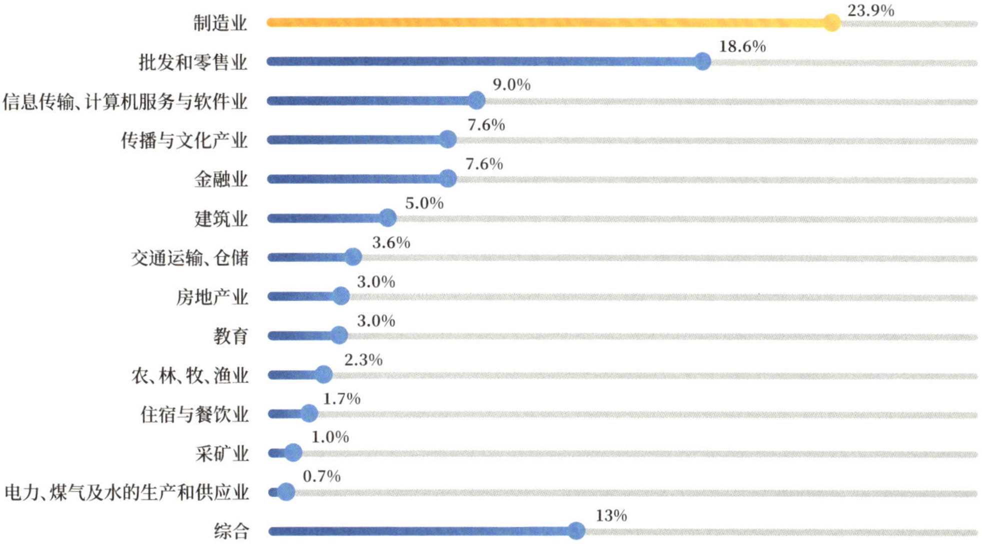

受访企投家从事行业占比

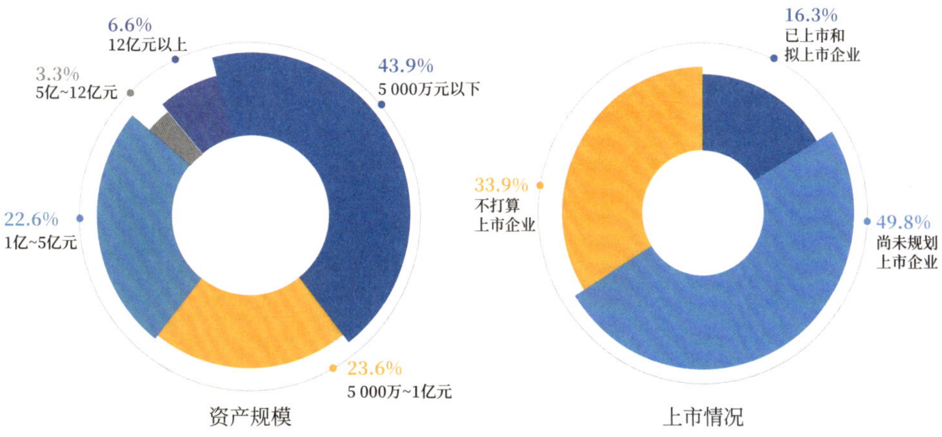

受访企投家企业的规模和上市情况

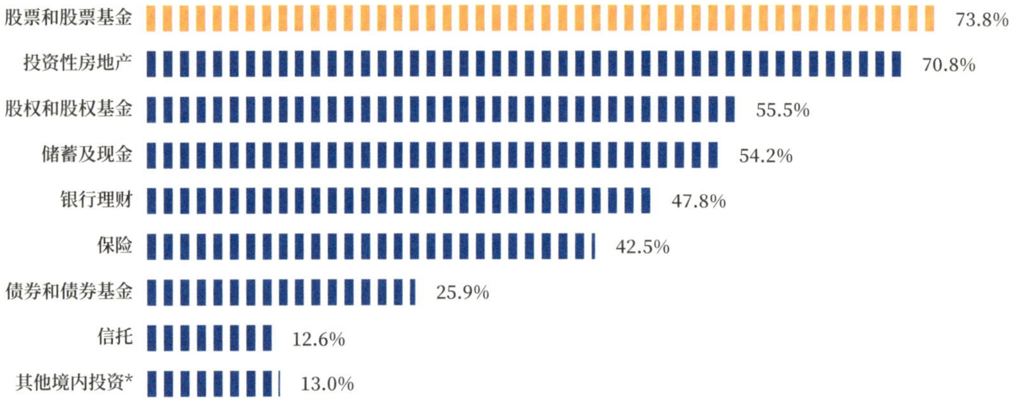

注：其他境内投资包括黄金、对冲基金及收藏品等。

受访企投家的投资偏好

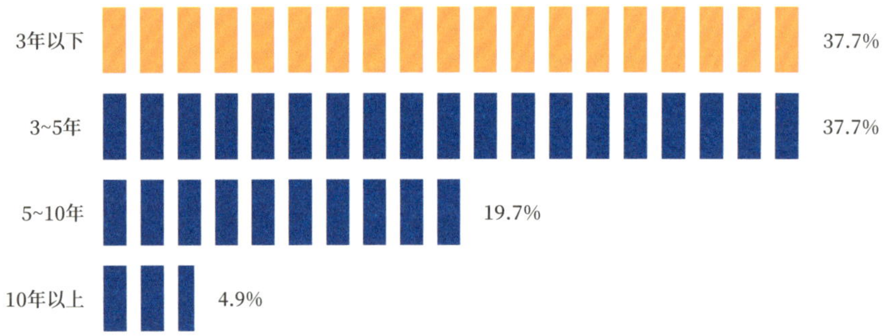

受访企投家布局企业投资的时间

本页图表数据来源：2021中国企投家白皮书报告调研问卷。

尽管2020年新冠病毒疫情暴发让很多企业遭受了巨大的冲击，但是危机之中也孕育着两大机会。

一个是资本机遇。随着新三板精选层推出、创业板注册制改革实施、科创板基础制度进一步优化，以及转板制度建立，中国资本市场开始进入发展快车道。这也释放出了一个信号，国家要拓宽企业直接融资渠道，打造多层次资本市场。2021年的政府工作报告进一步明确了全面放开注册制、资本市场服务实体经济、退市常态化、拓宽企业直接融资通道等。可以说，我们将迎来一个更健康、对优质企业更友好的资本市场。这就是企业的资本机遇。

另一个是国家发展机遇。疫情导致世界格局发生变化。中国在疫情的有效控制上相对成功，经济获得率先复苏，政府公信力大幅提升，民族凝聚力空前高涨。而欧美国家疫情失控暴露出一系列问题，主导了数百年的“西方中心格局”发生了变化，东方将赢得更多的机遇，虽然路途可能是需要披荆斩棘的。

资本机遇和国家发展机遇的叠加，给企投家的成长提供了肥沃的“土壤”，为他们的腾飞注入了巨大的动能。

三

2017 年，伴随着企投家群体被定义，由吴晓波频道“890 新商学”打造的企投会应运而生。作为中国首个聚合企投家的交互式学习组织，企投会经过 4 年多的发展已经有了千余名优秀的企投家会员。在服务会员的过程中，我们见证了越来越多的企投家积极布局，抓住时代带来的双重机遇。

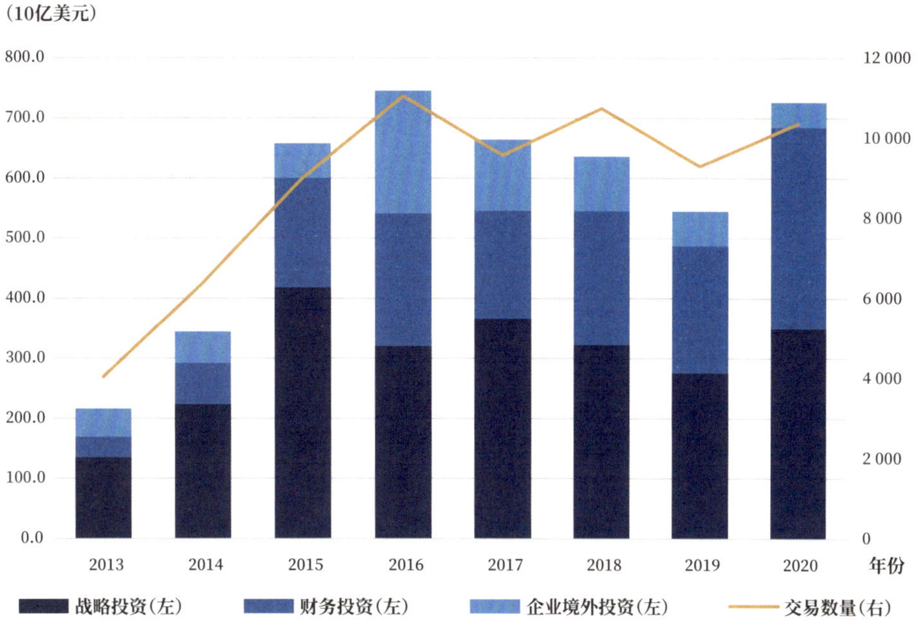

数据来源：普华永道。

2013—2020 年中国企业投资交易金额与数量概览

2021 年企投会联合浙江大学企业家学院共同推出《2021 中国企投家白皮书报告》[①]：2020 年，中国企业战略投资金额为 3 494 亿美元，财务投资金额为 3 352 亿美元，内地企业的境外投资金额为 420 亿美元，为 2017 年以来的新高。

在这一轮投资浪潮中，企投家们是如何参与其中的呢？超过 60% 的企投家布局企业投资的时间在 3 年以上，4.9% 的企投家布局时间甚至超过了 10 年。

① https://www.890xsx.com/bps.

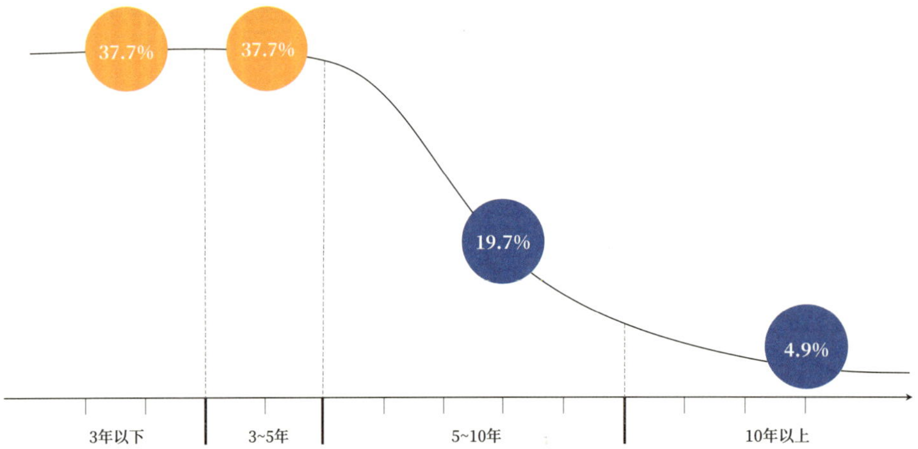

企投家企业投资布局时间

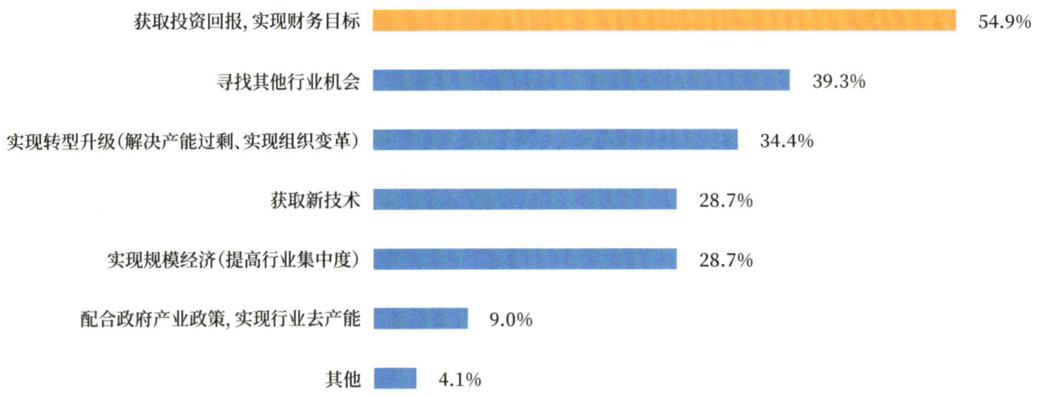

现阶段企业投资的目标

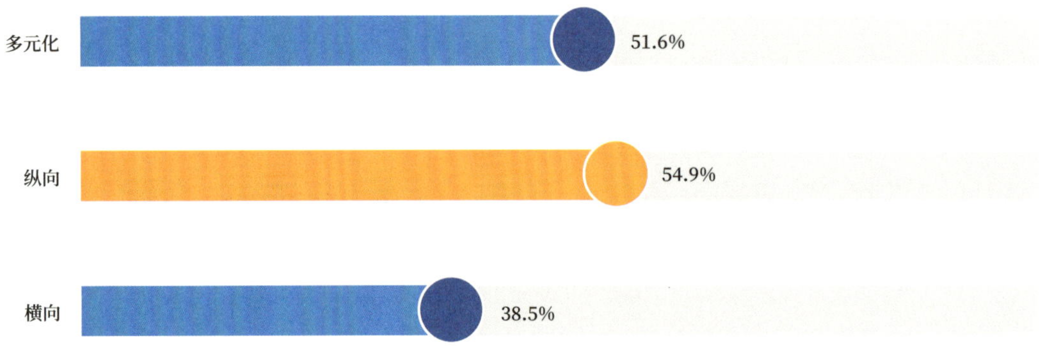

企业投资方向

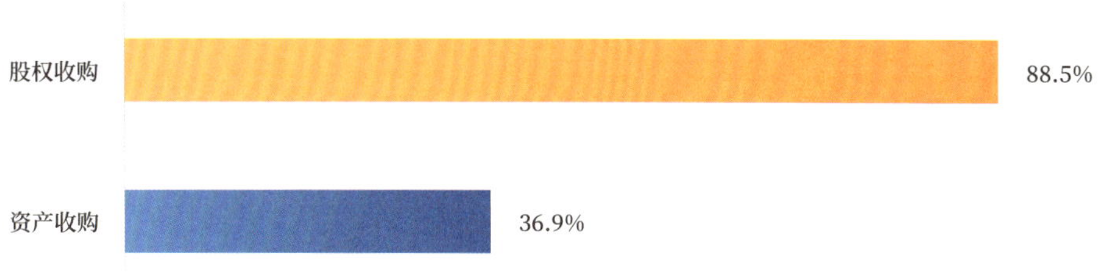

企业投资形式

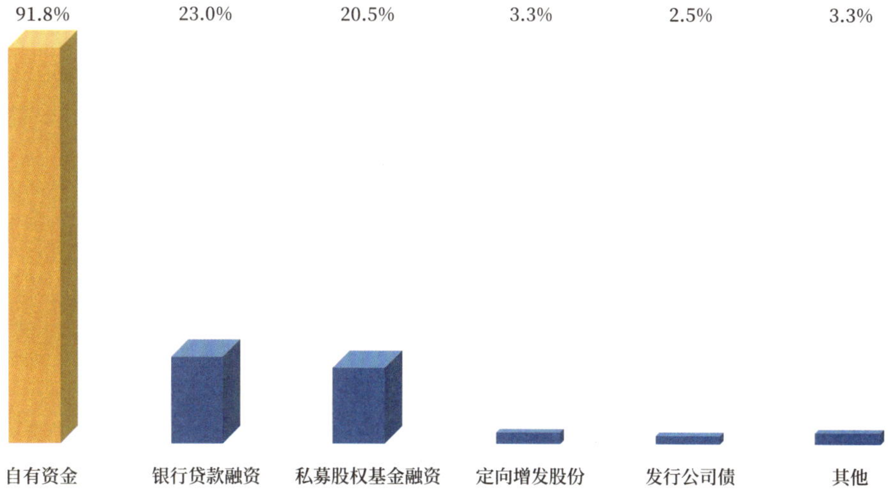

企业投资资金来源

78.6%的企投家年均投资项目为1～3次,每年投10个以上项目的占6.6%。这里需要说明的是,企投家偏好股权投资,并用企业经营经验赋能股权投资。无疑,多年经营企业的经验使企投家在股权投资方面有明显的优势。

此外,12.3%的受访企投家企业投资了境外项目,27.2%的受访企投家家庭配置了境外资产。其中,有18.9%的企投家企业境外投资总额超1亿美元。在境外投资数量方面,企投家的境外投资次数为1～3次的占70.2%,有16.2%的企投家境外投资次数超10次。

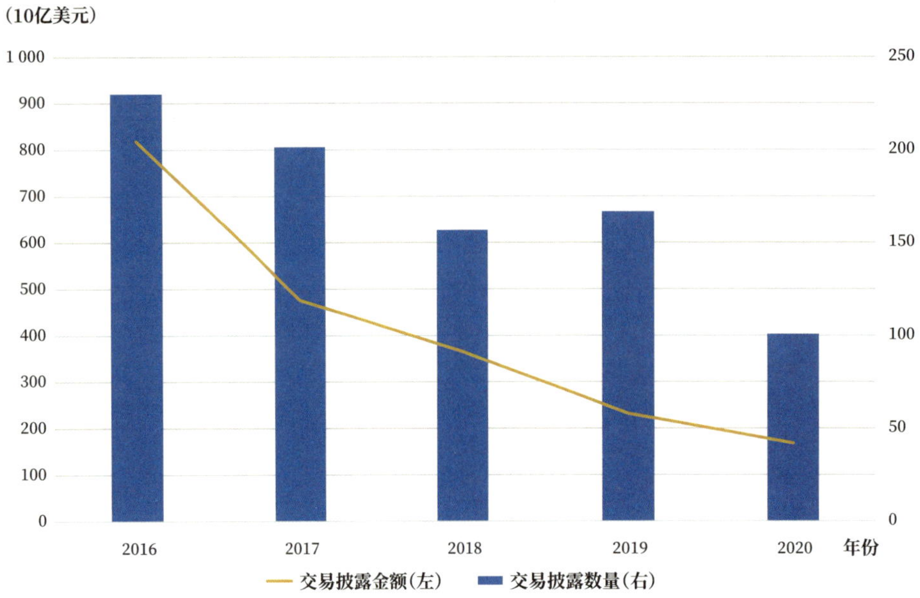

数据来源：普华永道。

中国企业境外投资交易数量和交易金额

在企业境外投资的地区分布上，北美洲东南亚和欧洲是企投家布局的重点，分别占比为54.1%、48.6%、32.4%。东南亚超越欧洲成为企投家的第二选择，东南亚国家的低成本和优惠政策是吸引企投家投资建厂的主要因素。

企业境外投资的地区分布

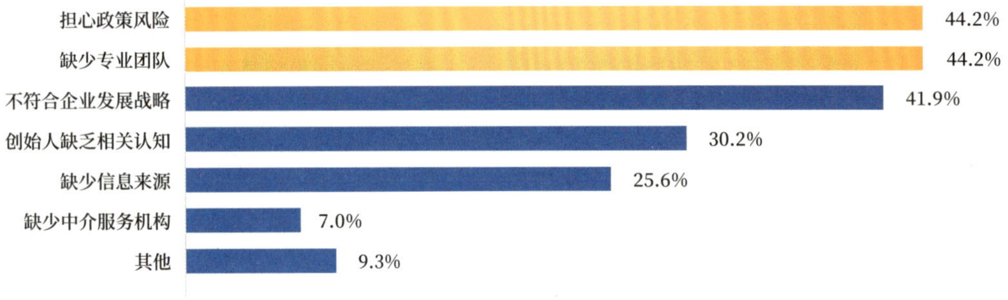

企业不考虑布局境外投资的原因

从投资行业偏好上，传统行业虽然经历过高速增长，但目前发展速度趋缓。面对成本过高、产能过剩、缺乏竞争力等问题，传统行业的企投家更需要借力于资本市场来帮助企业完成转型升级。根据调研情况，交通运输和仓储、房地产、建筑业、制造业等传统行业发生投资交易的比例排名第二至第五位，分别是 63.6%、55.6%、46.7%，45.8%；金融业由于行业特性的原因，投资交易的比例最高，为65.2%。

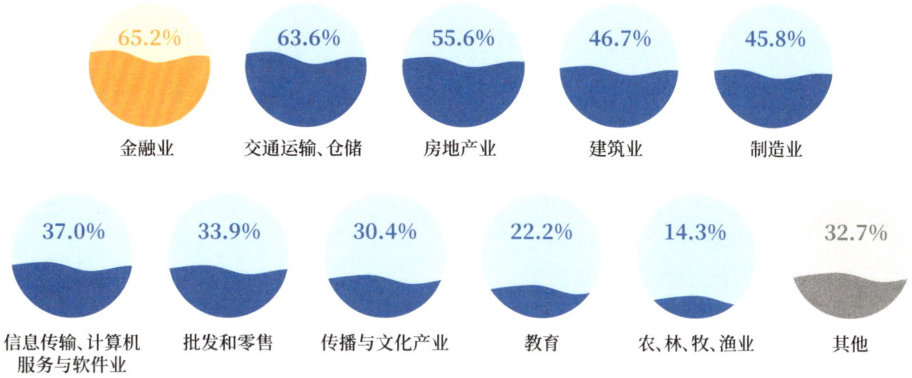

不同行业投资交易的比例

对于未来三年看好的细分行业，受访企投家提到消费、高科技、医疗健康、工业的比例分别为 41.0%、40.2%、38.5%、31.1%，排名前四位。我们可以看到，企投家偏好的行业分为两类：一类是因契合“双循环”和“产业升级”国家战略而受到助推的消费品行业和先进工业品行业；另一类是引领战略新兴产业方向的高科技行业和医疗健康行业。

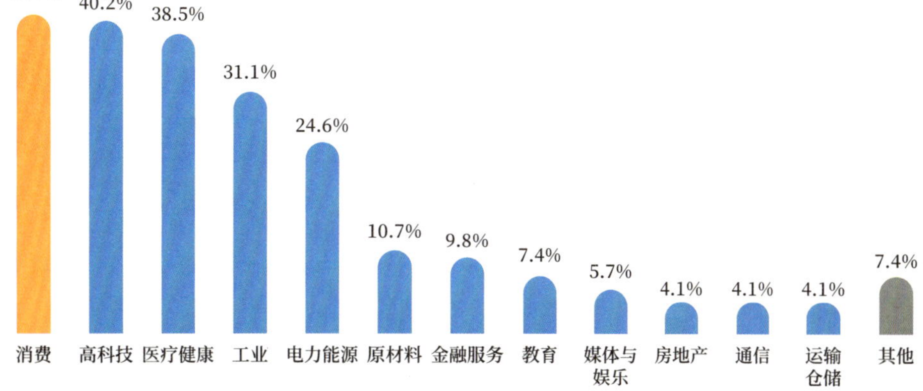

未来三年看好的行业分布

75.8% 的企投家在企业投资上取得了正收益。其中，10% ～ 20% 收益区间占比最多，为 37.7%；13.9% 的企投家获得超过 30% 的收益率。70% 受访企投家表示投资对企业主营业务产生了协同效应。这种协同效应最直接的反映是财务指标的提升，提到这一点的企投家占比为 48.8%；协同效应还显著表现在品牌影响力提升、行业地位提升、市场占有率提升、人员结构优化，提到这些方面的企投家占比分别为 53.6%、51.2%、35.7%、34.5%。68.9% 的受访企投家表示，未来会强化已有的企业投资布局；28.7% 的受访企投家表示，未来会对已有的企业投资布局保持现状。

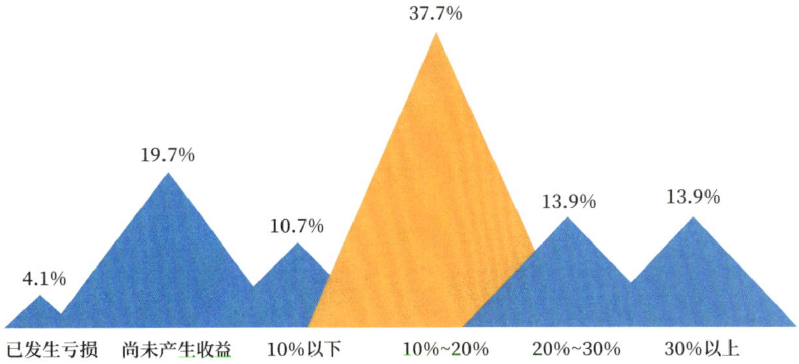

企业投资年平均收益率分布

19.7% 的企投家在企业投资上尚未产生收益, 4.1% 的企投家产生了亏损。但这部分企投家对自己企业投资的满意度超过了盈利的企投家, 58.6% 的受访企投家对企业投资感到满意、比较满意，甚至非常满意。他们表示，虽然投资还没有产生回报，但是投资交易在一定程度上帮助企业打开了市场和知名度。

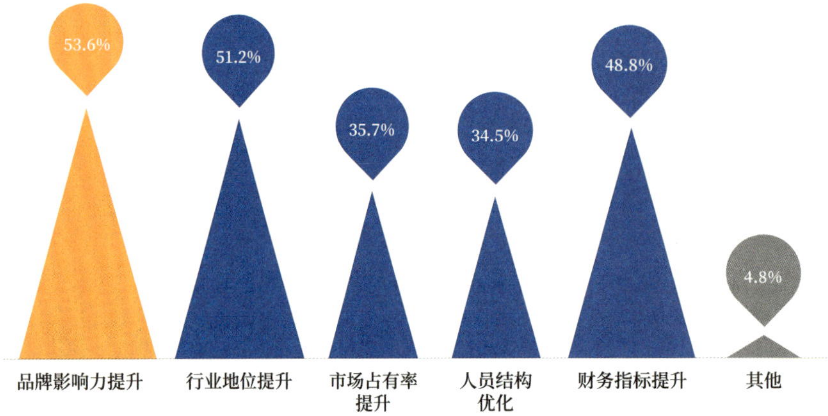

投资对企业主营业务协同效应分布

专业人才缺乏是制约企业投资发展最突出的问题，提到这一点的企投家占59.0%；缺少投资资金来源、融资能力不足则是第二大问题，占比为36.1%；此外，企业缺乏清晰的战略规划、投资后难以实现有效整合、政策的不确定性、投资经验缺乏等问题占比分别为30.3%、27.9%、27.9%、24.6，排名第三至第六位。正是这些方面的不足，导致一些企投家，或裹足不前，或失于激进。

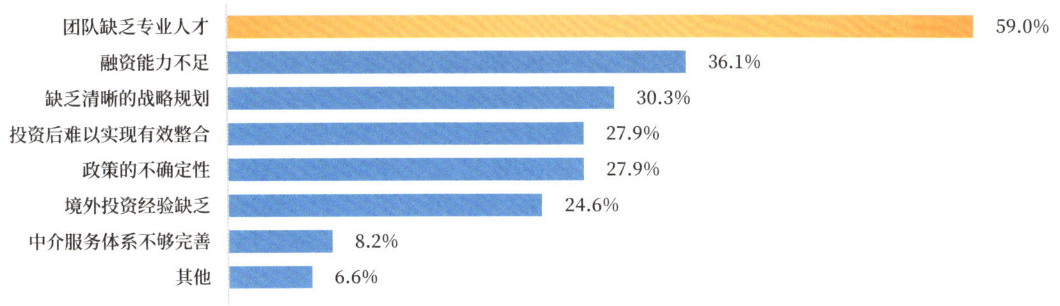

企业投资存在的问题

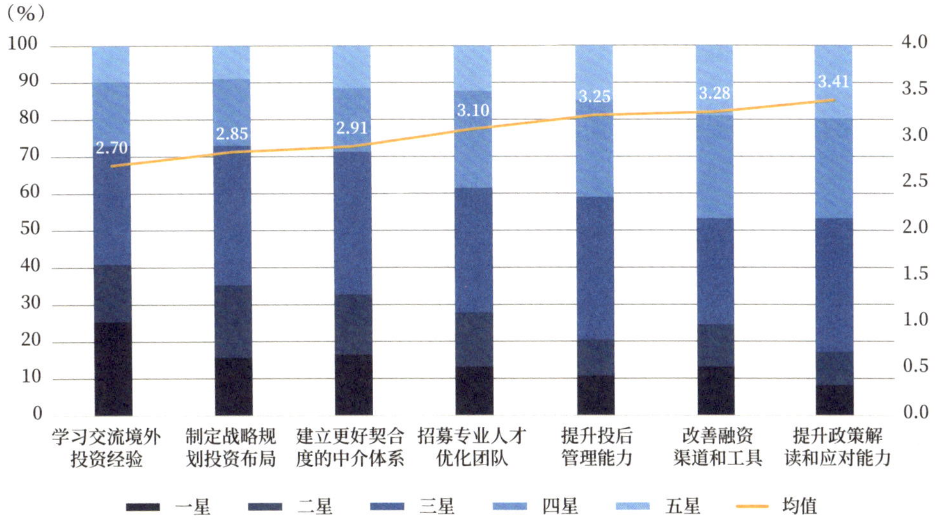

解决企业投资问题的迫切程度

面对时代的商业变局，百年商学也需应时而变，与时俱进。如果说，此前的商学注重企业家的创业和管理，以及商业文明的塑造；那么，今天的商学更要推动企业家的跨界和融合，以及进一步的成长。

企投家以敏锐的嗅觉感知了时代的变局，但都缺乏经验。做企业是“一把手”，做投资，特别是产业投资，却未必。

今天的商学，不仅要为有志于成长为企投家的先行者提供完善、前沿的企投学理论体系，还要提供学习和交流经验的平台。这也是“890新商学”创办企投会的原因所在。

企投家正努力地拥抱这个时代，虽然不一定能百分之百成功，但没有理由裹足不前。今日中国是属于每一个人的大航海时代。未来已来，只是分布不均；财富仍在，只是属于与时俱进者。

赫拉利在《未来简史》一书中说，“认可过去的努力，其实传达出了希望和自信的信息，鼓励我们在未来更加努力。”商

从海派商学的萌芽看近代中国如何凝聚重生

文｜陈志俊

历史上，伟大的想法总是出现在文化和经验交错的十字路口。

——克莱顿·克里斯坦森《创新者的基因》

拷问海派商学

提笔写这篇文章的时候，我常反问自己：有没有必要梳理所谓的海派商学？经历一番思考后，我发现这个问题其实隐藏了三个核心挑战：第一，界定所谓海派商学的实质与边界；第二，确定这种商学思想和管理实践的核心特征；第三，在当下的语境和大背景下明确研究剖析海派商学的现实意义。确实，第一个核心挑战，正如冯友兰在撰写《中国哲学史》时碰到的类似情形，就是他的《中国哲学史》要讲述的到底是中国哲学的史还是中国的哲学史。学理上的同样挑战，对于海派商学一样适用。

除此以外，还有另外一些灵魂拷问。首先，如果有海派商学或者海派管理思想，那么是否还有其他主要派别？其次，如果有一个成体系的海派商学或者海派管理思想，其起始点在哪里？其自身是否有传承与发展？再次，海派商学的实践主体和相应客体主要是谁？进一步地，区分实践主体的标准是什么？比方说，通常大家会认为谈海派离不开上海，海派商学的实践主体主要是来自上海周边区域的民族资本家 (Carroll, 2006; 唐力行，1997)，那是否还值得囊括来自全国其他地区主要业务集中在上海或者周边地区的民族资本家和海派企业家 (Ma, 2010; MacKinnon, 2008; Wang, 2008; 王国永，2002; 王海，2018)？这些企业家和其他地区的企业家有哪些不同？既然有民族资本家，那么各时期的中国政府和政党组织 (Coble, 1980;

Perry, 1993），乃至相对应的外国政府、商业组织、个人 (Cochran, 2000; Liu & Fogel, 2009)，在海派商学萌芽壮大的过程中起了什么作用 (Fogel, 2010)？这里面有没有上海本地市民的参与和贡献 (Lu, 1999)？

这一系列问题，一方面成为构建和阐释海派商学内涵过程的重要挑战；另一方面也预示着，通过界定海派商学的实质内涵，将有助于今日的我们更好地了解近现代中国是如何通过学习和掌握西方近代商学思想和经营管理制度，克服重重障碍、实现自身发展。而我就是从这一视角出发，带着这许多的问题，开始对以往研究成果的阅读与了解。

既然目的是了解西方近现代经济管理制度在中国落地生根的过程，就不能完全依赖对中国古代管理思想的总结归纳（成思危、潘承烈和虞祖尧，2001; 苏东水,1992; 苏东水和赵晓康，2001; 颜光华和刘震宇，2003; 张钢，1998; 朱英，1990）。因为在近现代中国历史发展的大背景下，很多影响商学发展的个人、组织和力量并不熟悉中国传统管理思想，甚至不能用中文进行有效交流 (Cochran, 2000)。如果将对于中国传统文化的熟悉和内化作为剖析海派商学的初始条件，将不可避免地导致我们的分析会忽略掉很多有意义的现象和知识（陈鸣，1990)。同样的，完全依赖西方中心化的理论框架与视角，也不能很好地了解西方近现代制度和管理实践与中国传统经济制度及商业模式碰撞融合的过程（Reinhardt, 2020; 苏东水, 2009）。不然，大家就有可能会简单地认为中国近现代商业模式是对西方制度与模式的简单模仿，或者认为由于各个国家和地区的文化的差异，导致了相互排斥的商学经验与方式 (Cochran, 2000)。

海派商学萌芽的内外部因素

如果要简单描述近代中国，那么将其界定为一个半封建半殖民地国家，可以帮助我们了解海派商学是如何在当时的社会经济与政治文化背景下慢慢萌芽的 (Cochran 和 Strand, 2007; Frost 和 Frost, 2021)。由于半封建半殖民地的特点，当时的中国商业组织在生存与发展上面临了许多独特的挑战。首先，相较于可以轻松进入中国市场的外国资本，本地民族资本除了需要面对资金、技术、模式等市场化竞争条件与手段的束缚，还需要面对各类不平等条约的限制 (Fogel, 2010; Goodman, 1995) 和政治力量的更替 (Stapleton, 1998)。因此，他们所处的制度环境缺少足够的连续性和一致性 (Stapleton, 1998)。其结果是，海派商学的本地践行者，或称海派企业家，常常是在各类夹缝中寻找商

业机会 (Frost 和 Frost, 2021)，导致其在商业投资与经营管理上呈现分散性的特点。

其次，虽然中国传统的地主制自然经济不断崩塌，但是市场化的商品经济还在逐步探索中（唐力行，1997）。与之对应，国内军阀林立，各类政治集团陷入混战与分裂割据状态，而国内外政治因素又进一步对商业发展产生干扰 (Coble, 1980; Perry, 1993)。在日常生活中，传统社会与文化观念中对于商人的各种刻板印象与偏见并未完全解除 (Goodman, 1995)，本地商人群体需要付出很大努力才能逐步完成其核心价值观与心理塑造（朱英，1990）。这些导致他们在近代社会中的领导地位与社会参与度均不高，尤其是政治领导地位与政治参与度不高，在影响中国近代社会发展过程中群众基础薄弱、可以调配的资源较少 (Coble, 1980; Dillon 和 Oi, 2008; Henriot, 1993; Perry, 1993)。

最后，在商业制度与管理模式上，海派企业家并不完全依赖西方经济管理制度或中国传统商业理念，也没有将两者对立起来，而是出现了彼此取长补短、交叉融合的态势 (Cochran, 2000；苏东水，2009)。这不仅在不同历史阶段出现的理论主张与商学实践均不相同，而且有不同的源流，海纳百川、不断融合，呈现很多新型组织与管理模式 (Lu, 1999; 陈鸣，1990；王海，2018; 杨琰，2013; 袁燮铭，1988)。而这些融会贯通的结果又反过来影响中国近代社会的发展与走向，也在某些层面决定了海派企业家个人的命运和人生 (Frost 和 Frost, 2021; Perry, 1993; 唐力行，1997)。

本页图片资料来源：蒯世勋等 . 上海公共租界史稿 [M]. 上海：上海人民出版社 ,1980.

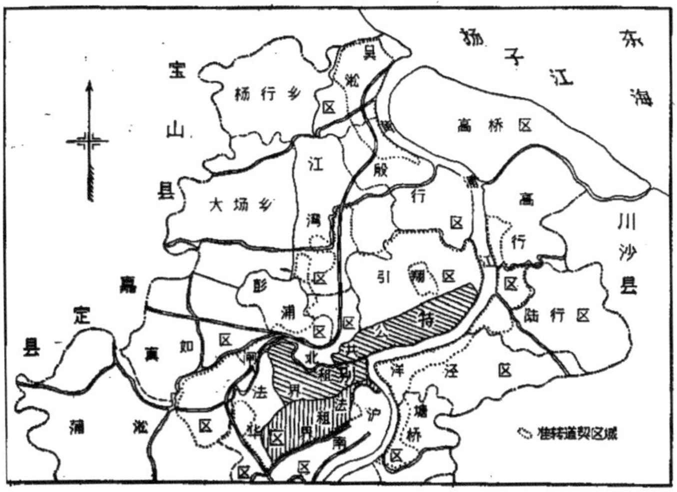

当时上海准转道契区域图

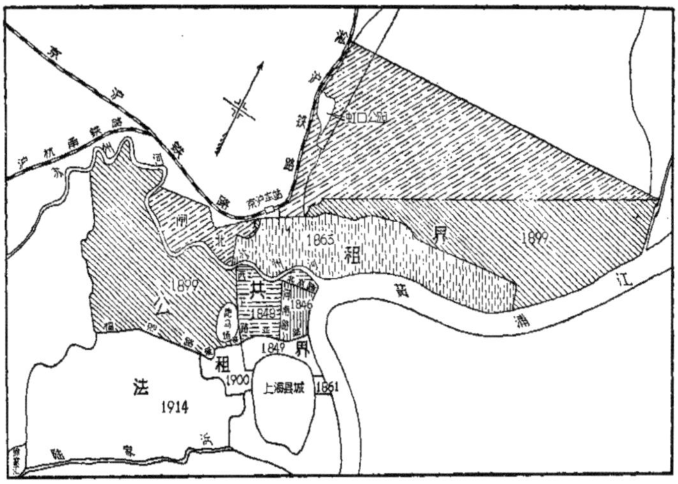

上海公共租界和法租界扩展示意图

海派商学萌芽的路径模式

时过境迁，我们用于剖析海派商学的数据和信息，存在较大的局限性。因此，我想针对三个主要因素，通过举例说明的方式，论述海派商学探索发展的典型模式与路径。

首先，对于海派商业，尤其是海派企业家和民族资本的夹缝生存发展模式（Dillon 和 Oi, 2008; Fogel, 2010; Goodman, 1995），我们可以参考周祥生创立上海祥生汽车公司的例子（Frost 和 Frost, 2021）。祥生汽车公司创立于 1919 年。20 世纪 20 年代，上海市民的婚礼喜庆、迎送往来、出门公干等活动已经从使用传统的黄包车转变到大量使用出租车。因此，那个时代是出租车行业的黄金发展期。但是，早期的出租车行业被外资开办的车行垄断，导致想要从事出租车行业的中国司机只能开“黑车”。周祥生就是其中之一。

祥生汽车行 第三分行

在通过具有传奇色彩的原始资本积累之后，周祥生以分期付款的方式向当时的一家外资汽车公司购入首辆日产黑龙牌轿车，正式踏足出租车行业。为了避免自己被巡捕和交通警察逮住罚款，初期周祥生主要在上海虹口与江湾一带接送客人。不久，由于经营有方、声誉良好，周祥生不仅全部付清第一辆出租车的购车款，而且又从外资汽车公司购入一辆美产汽车，并于 2 个月后再次付清购车款。周祥生将自己的车行设立在公共租界的鸭绿江路。截至 1923 年年底，周祥生的车行已经拥有 5 辆出租汽车，并正式挂出“祥生汽车行”的招牌。在周祥生将车行迁到武昌路百老汇路路口后的 10 年中，他充分利用各种机遇不断壮大车队规模。截至 1937 年，祥生汽车行股本金已达 50 万元法币，职工人数超过 640 人，是当时名副其实的第一大出租汽车公司。

在扩大规模的同时，祥生汽车行不断创新经营服务模式，积极应对各类竞争对手的冲击。比如，它在上海全市范围内设置了东、南、西、北、中5个区域22处分行，有超过50余处的特约代叫处，并设置了包括叫车热线电话的服务网络。对于经常订车的老客户，还专门分配了一个客户号，老客户只需报客户号和用车时间，调度员就会就近安排车辆。由于车行分布广、调度合理，通常客户叫车的等待时间只需2分钟，这个成绩放到现在也非常亮眼。祥生汽车公司花费重金从电话公司处购得“40000”的号码作为调度号码，取意中国4亿国民，并打出“四万万同胞，拨四万号电话，坐四万号车子”的广告语，将生意与民族感情联系在一起。为了进一步扩大影响，祥生汽车行将叫车电话直接漆于车身，这成了当时上海滩的一道风景线。除了“40000”号调度电话，祥生汽车行还提供轮船、火车班次查询及天气预报，甚至还有提前叫醒等其他服务项目。

为了从半封建半殖民地社会的各种结构限制和制度的夹缝中寻找出路，周祥生的选择可以很好地代表当时海派企业家的普遍策略选择。面对外资希望通过制度和市场因素垄断本地市场的努力，海派企业家从非正式的地带找到了出路 (Frost 和 Frost, 2021)。为此，他们不仅要在技术和管理上与当时的国际先进经验接轨，而且要更灵敏地关注市场需求和动态，并从制度层面存在的各种社会、政治缝隙中寻找机会 (Dillon 和 Oi, 2008; Ma, 2010; Perry, 1993)。这种尝试和当代管理学描述的掮客式创新颇为相似 (Fleming, Mingo 和 Chen, 2007; Lingo 和 O'Mahony, 2010)。此外，为了在与外资竞争时获得足够的正当性，海派企业家还需要巧妙地运用自身的民族资本背景。例如，周祥生很聪明地将祥生出租车的调度号码“40000”号与民族主义相联系 (Frost 和 Frost, 2021)。也就是说，面对各类社会政治圈层 (Dillon 和 Oi, 2008), 海派企业家通过具有创造力的方式打破各类圈层的边界，实现社会资本的积累和壮大 (Dillon 和 Oi, 2008; Fleming 等 , 2007; Lingo 和 O'Mahony, 2010)。

其次，受制于传统地主制自然经济模式的限制和传统文化对商人的刻板印象（唐力行，1997），本地的海派企业家群体需要付出非常大的努力，才能逐步构建其核心价值观和心理塑造 (王圆圆和袁泽沛, 2006; 徐敦楷, 2010; 朱英, 1990)。与传统上认为近代企业家都深谙传统文化不同，这些企业家大致有五种来源 (傅国涌，2021)。一是来源于传统地主制自然经济、具有一定科举功名或官方背景、由地方头面士绅转变而来的绅商。例如，“状元办厂”的张謇和陆润庠、周学熙、孙家鼐、孙多森，严信厚、严子均父子等人。二是同样来源于地主制自然经济模式，但起初并不具备优越的科举或官场资源，主要通过作为原有经济模式的学徒逐步成长起来的

祥生出租车

商人。例如，无锡荣氏兄弟、“五金大王”叶澄衷、商务印书馆创始人鲍咸昌等人。三是买办型。这类企业家不仅能够调动创办现代化企业所需要的资金，而且对于如何利用西方近现代经营管理模式非常熟悉。例如，朱葆三、虞洽卿和刘鸿生。四是海外华侨。这类企业家在海外完成了原始资本的积累，再投身于中国尤其是上海的各类商业活动。例如，张裕酿酒公司的张振勋，南洋兄弟烟草公司的简照南、简玉阶兄弟，永安公司的郭乐、郭泉兄弟，以及先施公司的马应彪等。五是知识型企业家。与其他四类企业家相比，他们既没有科举优势或官宦经历，也缺少雄厚的资本，但有海外留学经历或是自学成才，他们不是从家族企业开始，而是更多地借鉴股份制企业的模式开创自己的事业。例如，范旭东、穆藕初、卢作孚等人，以及陈光甫、周作民。由于这些企业家来源复杂，很难期待他们天生就共享同样的价值观和承担类似的社会责任。

也正是由于来源的复杂差异，海派企业家在为自身企业注入灵魂的过程中会注意吸纳中华传统文化的精髓，并将西方优秀管理经验与之相融合（徐敦楷，2010)。例如，1922 年浙江慈溪人阮维扬创立上海康元制罐厂，就秉承中华传统文化，在“厂训”和“训练通则”中明确提出“勤、俭、诚、勇、洁”的思想；对于员工的行为规范，要求“不偷懒、说实话，有过改之、遵纪守法”；此外，还要求员工每天做工之余要上文化技术课，将工作与学习相结合。这些企业家往往并不是将逐利作为自己兴办企业的初衷。有鉴于当时中国所处的外部环境和自身状况，这些企业家很多保有兴办实业、富强国家的情怀。例如，卢作孚在 1926 年 6 月创办民生公司，就制定了“服务社会，便利人群，开发产业，富强国家”的公司宗旨，强调“个人的工作是超报酬的，事业的任务是超利益的”。为了增强员工的凝聚力和对公司的忠诚感，又提出“职工困难、公司解决，公司困难、职工解决”的口号，并且十分重视职工培训。不仅如此，这些企业家还通过订立公司章程将理念政策化。例如，张謇在成立盛达纱厂前，就撰写了“工厂合同”和一系列章程，这种做法明显是受到了西方管理思想和运营模式的影响(傅国涌，2021)。

特别值得一提的是海派管理先驱的作用，他就是穆藕初(1876—1943)(王圆圆和袁泽沛，2006；徐敦楷，2010)。穆藕初是上海本地人，童年时家道中落，但他奋发图强，14岁时进入棉花行当实习生。青年时期，他对西方思想和制度产生了兴趣，开始学习英文；并在25岁考入海关，捧上了“金饭碗”。他兴趣广泛，在工作之余加入沪南体育会和沪学会，28岁出版了译著。后因抵制美货，辞去了海关职务，担任龙门师范学校英文教员兼学监。32岁出任江苏省铁路公司警察长。34岁自费赴美留学，进入威斯康星大学学习农学。一年后获得江苏省留学生的官费资助，于1911年转入伊利诺伊大学农科并获得农学学士学位。同年转入得克萨斯农工专修学校，攻读植棉、纺织和企业管理，于1914年获农学硕士学位并回国。正是在留学期间，穆藕初结识了提出科学管理的泰勒及其学生吉尔培莱斯(F. B. Gilbreth)，他们多次讨论关于利用科学管理方法实施现代化大生产的管理问题。

穆藕初1914年回国后，就决定与同事董东苏合译泰勒的《科学管理原理》，提出该书系“新管理法之鼻祖”“一再披览，于以恍焉悟美国实业界管理方法之精进，实此辈先觉左右指导之功居多”，并以“工厂适用学理的管理法”为题在《中华实业界》分5期连载。这份中文译本离英文原版出版仅7年，这显示了穆藕初及当时中国实业界对世界管理新思潮的追逐和兴趣。除了将科学管理介绍到中国，穆藕初还努力将该方法本土化，配合实施严格核算的记账制度，并将该方法推广至其创办的德大纱厂、上海厚生纱厂、郑州豫丰纱厂，大获成功。虽然没有证据显示无锡荣氏兄弟企业也使用了科学管理方法，但荣氏企业大量聘用熟悉欧美乃至已经使用科学管理方法的日本企业的经验，可以估计科学管理法在穆藕初等具有国际视野的学子和企业家的推广下，很快在中国大地扎了根。

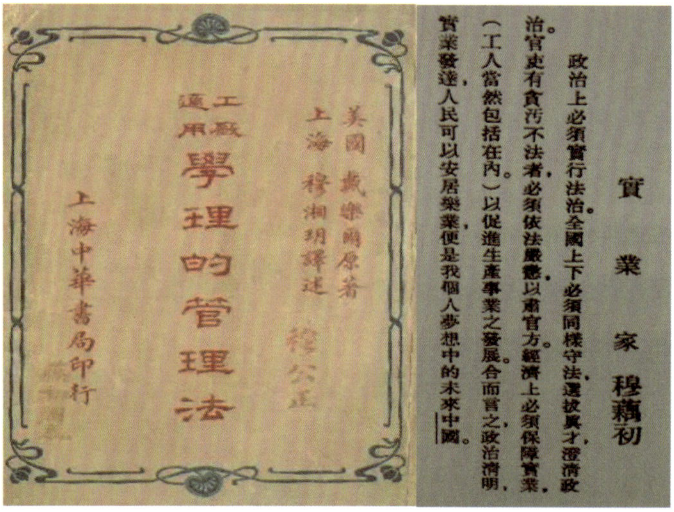

1933年，穆藕初“梦想中的未来中国”

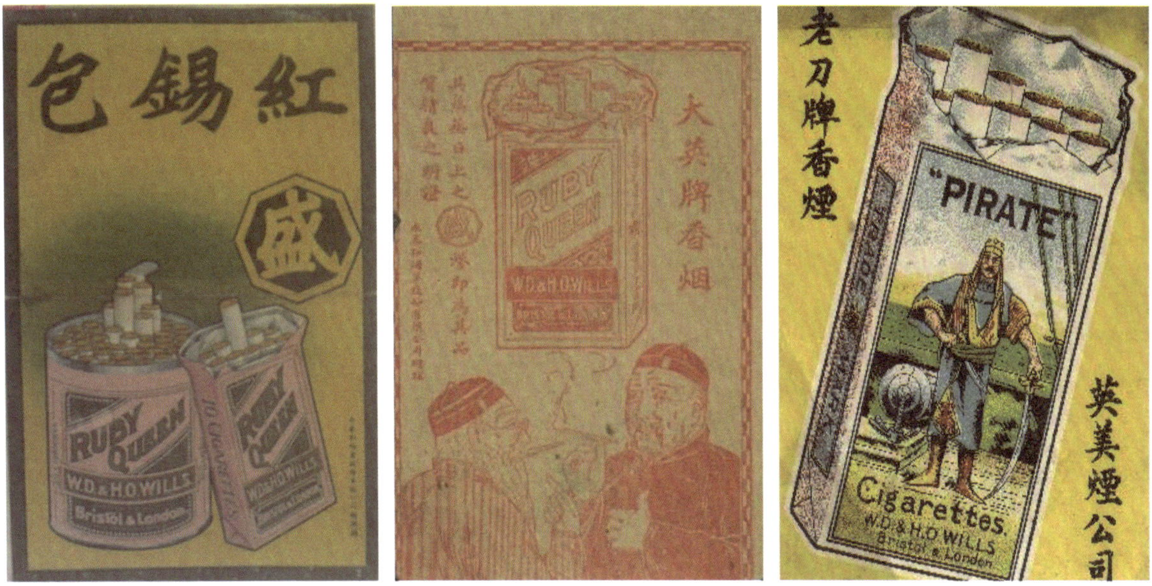

英美烟草公司和郑伯昭团队销售的香烟品牌

在西方近现代经济制度和管理模型的直接或间接影响下，相对于血缘和同乡关系，海派企业家更依赖专家的作用，对新机器和新技术保持开放的心态，也更愿意接纳掌握新知识和新技能的新人才。在群体层面，商人之间的联系和资源流动，随着地主制自然经济的解体，慢慢从传统的会馆向行会转变 (Goodman, 1995)。在这个过程中，商人逐渐从依赖血缘或同乡关系转为依赖市场化的机制来协调资源配置、处理潜在纠纷 (Wang, 2008；唐力行 ,1997)。

再者，海派商学的主要参与者除了华人企业家，也包括在华开展精英教育的外国机构和组织。除了提供科学管理方法是学理上的启发，外资机构和组织努力打入并占领中国市场的尝试，也为海派商学的建立提供了丰富的素材和支撑。将西方管理实务纳入海派商学，可以避免分析具体管理模式时的文化中心性问题 (Cochran, 2000)。通常，学界认为外资机构在进入中国时会偏好基于市场需要的结构化模式进行组织管理，而中国企业偏好基于东方式人际关系网络的管理模式。但 Cochran(2000) 结合详细的信息数据，对比了在华经营的 2 家美国公司、2 家日本公司和 2 家中国本地公司，对此提出有力的质疑，指出海派商学的外资参与者往往融合使用不同的经营管理模式来适应经营环境的要求。

例如，Cochran(2000) 发现英美烟草公司在推广营销自身产品时，初期使用的是中外同步并行模式。具体而言，该公司一方面组建由一位美籍主管 (James Thomas) 领导的能熟练进行英语沟通的销售团队，分设部、区、段、组四级推销网络，全国范围内共设 5 个部 17 个区 90 个段，并且区以上的负责人都由洋人担任；另一方面组建由一位华人买办 (郑伯昭) 负责的销售团队，与美籍主管领导的销售团队不同，广东香山人郑伯昭领导的销售团队广泛依赖独立华人经销商来推广业务，并积极使用绩效考核和巨额佣金刺激销量，为关系优、信用佳的经销商提供一切便利。当郑伯昭领导的华人销售团队取得更优的销售业绩时，英美烟草公司转而完全依赖华人经销团队开展销售业务。当英美烟草公司将生产基地搬来中国后，绝大部分生产流程也是由华人基层领导负责。

Cochran(2000) 分析的一家日本公司是三井 (Mitsui) 商社。起初，三井商社在中国主要依赖华人买办开展业务。到 1898 年，由于业务调整需要在华生产棉产品，三井就从日本招聘并培训日籍雇员派来中国。由于语言、文化适应等原因，最终仅派出一些会中文的日籍员工前往棉产地收购原料。由于此举可以将成本控制得更低，三井在面对美国竞争者时就可以保持价格优势。Cochran(2000) 分析的另一家日本公司 Naigai 棉花公司，情况完全相反。Naigai 公司完全将自己在日本的经营模式照搬到中国。1911—1924 年，Naigai 公司在华开设了 14 家棉纺厂，其中 11 家在上海、3 家在青岛，雇佣了超过 25 000 名中国雇员。起初，公司利润丰厚，且只发生了 1 次工人罢工。英美烟草公司的管理层对此羡慕不已，因为同期他们经历了 8 次工人罢工。为此，英美烟草公司甚至想考虑效法日式管理模式，以减少工人罢工。但 1925 年初，Naigai 公司尝试改变自身管理模式，将薪水相对更高的男性工人替换成女性工人甚至童工，事后又恰逢“五卅惨案”(1925 年 5 月 30 日)。Naigai 公司在 1925 年 2 月至 1927 年 11 月间遭遇了 44 次工人罢工。为改善这种局面，Naigai 公司将招聘的权限下放给中国雇员，请他们通过个人社会网络招工。

在 Cochran(2000) 分析的华人企业中，申新棉纺厂由无锡荣氏兄弟于 1915 年创办，中国火柴厂由刘鸿生在 20 世纪 30 年代创办。这两家企业都将传统的家族企业模式与西方式管理方法进行了有效融合。不同的是，刘鸿生家族在中国火柴厂的控股超过一半。此外，刘鸿生除了利用血脉网络和宁波同乡资源，还有意识地从上海圣约翰大学招收学生，利用他们的西方化人脉资源来拓展自己的业务，改进经营模式。

从这些企业的对比分析中可以看出，海派商学对应的企业组织，无论是中资还是外资，都在业务发展过程中对照当时的政治经济环境来适时调整自身的经营管理模式。在东西方交会的上海及周边地区，保持开放的心态，充分学习不同模式的长处，用融合的方式创新自身的经营管理模式，创造出符合当时政治经济和社会文化条件的海派商业模式。

回看海派商学萌芽下的中国发展总问题

雷蒙·阿隆说：“历史是由活着的人和为了活着的人而重建的死者的生活。”我们关心海派商学及其萌芽，除了帮助我们了解西方近现代经济管理制度在中国落地生根的过程和途径，也希望与有兴趣的专家学者一起探讨关于中国近现代历史，尤其是和商学、管理学有关的总问题。例如，在近现代中国商业版图上成长起来的组织和管理模式，在多大程度上受到我国传统文化和经济管理模式的影响？推动中国商业实践发展的原动力是什么？能够和西方经济管理制度接轨的商业发展基本路径有哪些？在这些问题背后，体现了一个更巨大的文化与社会议题，那就是曾经受制于半封建半殖民地牢笼的中国如何一步步成长为一个具有强大凝聚力和向心力的联合整体 (Ma，2010; Perry, 1993; Reinhardt, 2020)。这离不开众多海派企业家和当时来自各地的中华儿女的努力和思考。也许，正是因为在一百多年前的近代中国有海派商学的尝试和播种，中国之后的经济改革与发展才有了借鉴。

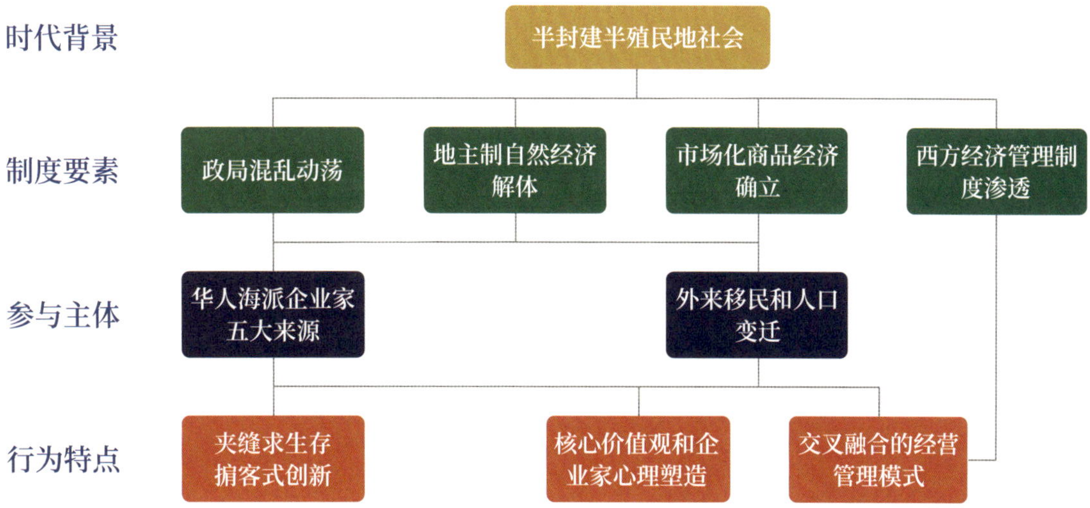

海派商学萌芽路线图

参考文献

[1] Carroll P J. Between heaven and modernity: reconstructing Suzhou:1895—1937[M]. Stanford, CA: Stanford University Press, 2006.

[2] Coble P. The Shanghai capitalists and the nationalist government:1927—1937[M]. Harvard University Press,1980.

[3] Coble P. Chinese capitalists in Japan' s new order: The occupied lower Yangzi: 1937—1945[M]. University of California Press,2003.

[4] Cochran S. Encountering Chinese networks: Western, Japanese and Chinese corporations in China:1880—1937[M]. University of California Press,2000.

[5] Cochran S, Strand D Eds. Cities in motion: interior, coast, and diaspora in transnational China[J]. Berkeley: University of California, Institute of East Asian Studies, 2007:313.

[6] Dillon N, Oi J. At the crossroads of empires: Middlemen, social networks and state-building in Republican Shanghai[M]. Stanford University Press,2008.

[7] Fleming L, Mingo S, Chen D. Collaborative brokerage, generative creativity, and creative success[J]. Administrative science quarterly, 2007,52(3): 443-475.

[8] Fogel J A. The recent boom in Shanghai studies[J]. Journal of the history of ideas, 2010,71(2), 313-333.

[9] Frost S L, Frost A K.Taxi Shanghai: Entrepreneurship and semi-colonial context[J]. Business history, 2021:1-30.

[10] Goodman B. Native place, city, and nation: Regional networks and identities in Shanghai: 1853—1937[M]. University of California Press,1995.

[11] Henriot C. Shanghai, 1927—1937: Municipal power, locality, and modernization[M]. University of California Press,1993.

[12] Lingo E L, O' Mahony S. Nexus work: Brokerage on creative projects[J]. Administrative science quarterly, 2010,55(1): 47-81.

[13] Liu J, Fogel J A. Demon capital Shanghai: The "Modern" experience of Japanese intellectuals[J]. Sino-Japanese Studies, 2009(16).

[14] Lu H. Beyond the neon lights: Everyday Shanghai in the early twentieth century[M]. University of California Press,1999.

[15] Ma Z. Individual agency and social networking in Modern Chinese Cities: 2010.

[16] MacKinnon S R. Wuhan, 1938: War, Refugees, and the Making of Modern China[M]. University of California Press, 2008.

[17] Perry E J. Shanghai on strike: The politics of Chinese labor[M]. Stanford University Press, 1993.

[18] Reinhardt A. Navigating Semi-colonialism: Shipping, Sovereignty, and Nation Building in China:1860—1937[M]. Brill, 2020.

[19] Stapleton K. Shanghai, 1927—1937: Municipal power, locality, and modernization[J]. Journal of urban history, 1998,24(6): 768-775.

[20] Wang D. The Teahouse: Small Business, Everyday Culture, and Public Politics in Chengdu,

1900—1950[M]. Stanford, CA: Stanford University Press,2008.

[21] 陈鸣 . 上海戏曲经营管理的近代化 [J]. 上海大学学报：社会科学版，1990(4)：6-111.

[22] 成思危 , 潘承烈 , 虞祖尧 . 中国古代管理思想之今用 ,2001.

[23] 傅国涌 . 对“中国第一代企业家”的遗忘，是我们的巨大损失 [EB/OL].(2021-01-27)[2021-03-08]. https://finance.sina.com.cn/wm/2021-03-08/doc-ikkntiak6392175.shtml.

[24] 阮清华 . “在城市中找朋友”— 读张济顺《远去的都市：1950 年代的上海》[EB/OL]. (2016-03-22). https://www.ssap.com.cn/c/2016-03-22/1018059.shtml.

[25] 上海档案信息网 . 口述历史：我的父亲周祥生与祥生出租汽车公司 [A/OL]. (2010-03-05). http://www.archives.sh.cn/shjy/hsrw/201203/t20120313_6148.html.

[26] 苏东水 . 弘扬东方管理文化 建立中国管理体系 [J]. 复旦大学学报：社会科学版，1992(3): 33-36.

[27] 苏东水 . 21 世纪东西方管理融合与发展的趋势 [J]. 新华文摘 , 2009(1)：128-132.

[28] 苏东水 , 赵晓康 . 论东方管理文化复兴的现代意义 [J]. 复旦大学学报 : 社会科学版 , 2001(6): 109-118.

[29] 唐力行 . 商人与中国近世社会 [M]. 台北：台湾商务印书馆 ,1997.

[30] 王国永 . 中国近代民族实业家经营管理思想的显著特点 [J]. 黄河水利职业技术学院学报 , 2002(2).

[31] 王海 .1930 年代前期英日在华南的势力消长与政策调整 : 以鼓浪屿会审公堂撤废交涉为例 [J]. 東アジア文化交渉研究 , 2018(11): 309-318.

[32] 王圆圆 , 袁泽沛 . 近代以来中国管理思想的发展脉络 [J]. 兰州财经大学学报 , 2006，22(6)：37-40.

[33] 项飚 . 跨越边界的社区：北京“浙江村”的生活史 [M]. 北京 : 生活·读书·新知三联书店，2020.

[34] 徐敦楷 . 民国时期科学管理思想在中国的传播与运用 [J]. 中南财经政法大学学报 , 2010(2):83-89.

[35] 颜光华 , 刘震宇 . 中国古代管理思想与现代企业战略管理 [J] . 华东理工大学学报 : 社会科学版 , 2003.

[36] 杨琰 . 工部局主导下近代上海电力照明产业的发展：1882—1893[J]. 近代史研究所集刊 , 2013 (81)：53-98.

[37] 袁燮铭 . 工部局与上海早期路政 [J]. 上海社会科学院学术季刊 ,1988(4).

[38] 张钢 . 中国古代管理思想研究的现状与前瞻 [J]. 科学管理研究 , 1998(1).

[39] 张济顺 . 远去的都市：1950 年代的上海 [M]. 社会科学文献出版社 ,2015.

[40] 朱英 . 开拓近代中国商人文化研究的初步构想 [J]. 华中师范大学学报 : 人文社会科学版 ,1990(6).

02

金融专题

奋斗百年路，启航新征程

访谈嘉宾｜焦瑾璞　上海黄金交易所党委书记、理事长

三十而立，投身时代的新使命

访谈嘉宾｜董国群　上海证券交易所党委委员、副总经理

我们要对经营银行保持敬畏

特邀嘉宾｜姜建清　中欧陆家嘴国际金融研究院院长、中国工商银行原董事长

专题嘉宾｜刘晓春　上海新金融研究院副院长、浙商银行原行长

奋斗百年路，启航新征程

访谈嘉宾 | 焦瑾璞 上海黄金交易所党委书记、理事长
采编 | 编辑部

焦瑾璞

“上海黄金交易所（下称‘上金所’）是经国务院批准，由中国人民银行组建，专门从事黄金等贵金属交易的金融市场，于 2002 年 10 月正式运行。上金所的成立实现了中国黄金生产、消费、流通体制的市场化，是中国黄金市场开放的重要标志。在中国人民银行的领导下，上金所顺应中国经济崛起和金融改革开放大势，坚持服务实体经济和防范化解金融风险的原则，抢抓机遇，克难奋进，推动中国黄金市场实现从无到有、从小到大、从弱到强的跨越式发展，已逐步成为中国黄金市场的枢纽及全球重要的黄金、白银、铂金交易中心……”

在上海黄金交易所的官网上，这段自我介绍的字里行间，充满着上金所在这个时代扬帆远航的骄傲。

上金所的成立，标志着我国计划经济特色的黄金“统购统配”体制落幕，象征着我国黄金管理体制向市场化改革道路迈出了坚定而具有历史意义的一步。同时，它还谱写了一段充满机遇与挑战、拼搏与奉献的成长史。

短短 20 年，上金所在基础设施建设、产品及市场服务等多方面取得了较快发展，并对规范发展市场和推进市场各项建设发挥了重要的作用。

上金所之所以能实现从无到有的突破，某种意义上与国家的改革开放政策和黄金管理体制改革密不可分，它是中国改革开放的一个精彩缩影。

黄金市场化管理体制改革，势在必行

《上财商学评论》：焦先生在履职上海黄金交易所之前，有着丰富的从业履历，这些不同的人生经历，让您对金融行业有哪些感悟？任职上海黄金交易所后，又有哪些不同的体验？

焦瑾璞：我在中国人民银行工作近30年，主要从事金融改革、货币政策、金融监管、农村金融、小额信贷和微型金融、普惠金融、金融消费权益保护等方面的研究和实务工作。来到上海黄金交易所，我深刻感受到中国的黄金需求正在逐渐影响全球黄金市场的格局，这为我国黄金市场发展带来了良好契机。面对新的机遇与挑战，在中国人民银行的指导下，在领导班子的共同努力下，进一步明确了上金所的战略方向和目标，建立了“始终坚持以人民为中心，以国家利益为使命，以服务央行履职为职责，以黄金市场稳健发展为目标”的经营理念。

《上财商学评论》：上金所于2002年10月正式运营，是中国黄金市场开放的重要标志。此前，黄金一直由中国人民银行统购统配，消费者只能选购黄金饰品，不能购买黄金。当年开放中国黄金市场的背景是怎样的？

焦瑾璞：黄金作为战略资源储备在稳定货币、平衡国际收支、保障国家经济建设方面有着不可替代的作用。正是由于黄金的特殊属性和战略价值，我国对黄金实行严格管制。即使在经济体制改革推进之后，基于外汇储备和金融安全需要，我国依然维持黄金管制体制，实行“统购统配”。在长达半个多世纪的时间里，黄金不能自由买卖，居民变现黄金的唯一渠道是出售给国家，首饰加工企业需要通过中国人民银行配售才能取得黄金原料制作首饰。在当时的历史背景下，这种管理体制对于保证国家经济建设所需的黄金供应等方面起到了积极作用。

进入20世纪90年代，随着社会主义市场经济的确立和金融领域改革开放的逐步深入，计划经济时期实行的黄金管理体制已经不能适应社会发展的需求，其局限性日益凸显，我国黄金市场化管理体制改革势在必行。首先，随着中国加入世界贸易组织，国际黄金行业越来越关注中国的黄金消费市场和黄金矿产资源，国外投资机构希望中国加快建立和开放黄金市场。其次，虽然国家将黄金从固定定价转向了浮动定价，并且不断调整报价周期和频率，但是由于国际

上海黄金交易所 诞生地

金价波动频繁，国内外黄金差价仍然存在，给央行带来了较大的价格风险和调控压力。最后，原有的统收专营体制与市场化矛盾日益突出，民间黄金投资收藏意识越来越强烈，推动市场经济体制改革的完善和开放型经济发展成为趋势。

2002年10月，顺应中国经济崛起和金融改革开放大势，经国务院批准，由中国人民银行组建的上海黄金交易所正式成立。上金所的成立，是我国金融改革史上的一个标志性事件，具有重大的历史意义。第一，是我国黄金管理体制改革的重大突破。上金所的成立正式拉开了中国黄金市场开放的序幕，标志着黄金行业向市场化改革道路迈出了坚定而具有历史意义的一步。第二，完善了我国金融市场体系。至此，黄金市场与货币市场、资本市场、外汇市场等共同构建了我国完整的金融市场体系，并与其他金融市场共同形成互补协调发展的局面。第三，推动了黄金行业全产业链发展。上金所的成立实现了中国黄金行业从开采、加工到投资、交易、消费等全产业链的协同发展。上金所通过规范、透明、有序的市场运行，有效调节黄金供求平衡，优化黄金市场资源配置。

《上财商学评论》：中国黄金生产、消费、流通体制实现市场化，给消费者和黄金企业带来了怎样的机遇？

焦瑾璞：中国黄金市场的深化改革和开放发展为我国黄金市场提供了良好的氛围。上金所成立后，努力推动黄金市场从商品交易为主向商品交易和金融交易共同发展，由现货交易为主向现货交易和衍生品交易共同发展，由国内市场为主向国内市场和国际市场共同发展。在实现“三个转变”的同时，也为黄金企业和消费者带来新的机遇。

机遇一：加大科技创新力度，提升产金企业竞争力。黄金开采企业在黄金市场开放后通过“引进来”和“走出去”，一方面对照学习国际黄金行业发展的管理经验，引进先进技术和科技装备；另一方面，国内矿业专家和矿山代表到国际黄金矿业公司交流学习，提升国内黄金工业发展水平，为海外资源布局提供了基础和条件。国内大型黄金企业纷纷对标巴里克、纽蒙特等国际大型金矿公司，突出科技创新，扩大资源储量，努力做大企业规模，降低生产成本，增强发展实力。

机遇二：优化调整企业结构，促进产业升级转型。市场竞争促使黄金上游企业走集团化、股份制的道路，改变原先粗放管理、单兵作战的经营模式。为了应对黄金市场开放带来的国际竞争，我国成立了十余家大型黄金企业集团。2003年，中国黄金总公司率先进行公司股份制改造，推出“中国黄金第一股”，组建了中国第一个综合性大型矿业集团。中国黄金集团通过股份制改造后，拓宽了直接融资渠道，筹集的社会资金既可以投入企业后续发展需要的技改项目，在市场竞争中占据有利位置，同时也可以通过资本运作收购兼并进行外延式扩张，增强企业抗风险能力和国际竞争力，形成能与国际矿业大公司对抗的资本实力。

机遇三：拓展黄金投资渠道，丰富金融机构创新业务。我国商业银行，特别是几大国有商业银行，加入WTO后曾面临严峻形势和一系列挑战，大力发展中间业务是商业银行降低经营成本和风险、拓宽盈利空间的重要策略。因此，黄金业务成为商业银行业不容错失的业务领域。一方面，可以有效地拓宽商业银行的业务范围。比如，黄金矿山及冶炼企业需要更新设备和追加投资提供正常贷款业务，银行可以提供黄金的衍生金融产品；作为上金所会员，银行可以通过自营交易、黄金租赁等增加投资收益；还可以直接向普通投资者出售金条、金币等黄金实物。另一方面，市场交易促使黄金首饰加工企业改变过去的销售模式，根据国际金价变化调整库存。通过银行参与上金所推出的黄金远期、掉期、期权等丰富的金融交易工具，使黄金首饰加工企业有效规避价格风险，优化企业投融资结构。

《上财商学评论》：面对市场竞争压力与新的发展态势，从经营管理方面有哪些要求和挑战？

焦瑾璞：面对国际金融市场形势的复杂多变和行业竞争压力，上金所以高准则规划、高标准打造，将自身发展融入国家战略、以央行部署指引自身发展规划，服务于国家经济社会发展和宏观调控大局，坚持“市场化、国际化”双轮驱动发展，积极推进企业治理体系和治理能力现代化。

第一，深入实施市场化战略，实现跨越式发展。在中国人民银行的领导下，在全体会员和市场参与各方的共同努力下，上金所不断完善产品服务，合约产品由成立时的“Au99.95”和“Au99.99”2个黄金现货实盘合约发展到涵盖竞价交易、询价交易、定价交易、租赁拆借和黄金ETF等近60个合约，交易标的包括黄金、白银、铂金三大类品种。上金所打造了“一二三四五六”的业务新局面：一是以建设国际一流的黄金市场金融基础设施为目标；二是主板和国际板两大业务板块；三是统筹服务实体经济与发展金融市场、国际市场与国内市场、传统平台与创新业务三对发展支柱；四是联接黄金产业链上下游之间、黄金实物和资金融通各方之间、场内黄金市场与场外黄金市场，以及国内与国际黄金市场之间的四座桥梁；五是形成交易定价中心、清算结算中心、仓储物流中心、登记托管中心、咨询服务中心五大中心；六是涵盖竞价、询价、租借、定价、金币和ETF六大市场。

第二，加快推进国际化进程，扩大高水平开放。上金所全面落实中央和中国人民银行关于进一步扩大金融开放的总体部署，于2014 年 9 月推出黄金国际板。国际板业务推出以来，本着服从大局、互利共赢、协同并进、风险可控的原则，分步有序推进海外市场合作。以系统建设为核心，搭配清晰明确的业务规划、可靠有力的高效服务，为离岸人民币持有者增加投资选项，提供避险工具，增强人民币资产的多样性和吸引力，提升各国货币当局和金融机构持有人民币的意愿，助力强化人民币的储备和投资功能。积极加强与境外交易市场的互联互通，先后与马来西亚衍生品交易所、中国香港交易所集团、缅甸仰光交易所、莫斯科交易所、多伦多证券交易所、布达佩斯证券交易所、德意志交易所等探讨开展多层次业务交流。

第三，加强金融基础设施建设，更好地服务实体经济。一是强化交割储运网络。上金所不断完善仓储网络布局、加强仓库智能管理、严控实物质量风险、推进海外精炼企业认证，确保实物质量可靠、仓储安全、物流高效。目前，在36个地区启用70余家交割仓库，满足了国内包括金融、生产、加工、批发、进出口贸易等各类黄金产业链企业的出入库需求。二是优化清结算功能。2020年1月，上金所获中国人民银行批准以直接参与者直连方式正式加入大额支付系统，成为首家加入中国人民银行支付清算系统的交易所。同年，获批“合格中央对手方”资格。通过完善市场规则、自主研发核心系统等，构建全方位风险管理框架，形成了全面、规范的中央对

上海黄金交易所党委书记、理事长 焦瑾璞

手清算机制。三是持续推进核心系统建设。坚持自主创新、着眼长远谋划，全力开发上线了第三代交易系统，首次实现了关键核心系统的自主可控。启动新一代系统规划、部署、研发，并将为市场提供“7x24”小时不间断交易的高质量服务，初步具备国际一流交易所的系统支撑。

《上财商学评论》：您觉得今天的中国黄金市场成熟了吗？它体现了哪些特点？

焦瑾璞：过去的20年，中国人民银行在维护黄金市场稳定中扮演了重要的角色，正确地运用了央行在金融市场中的职能定位，构建了宏观审慎的黄金市场稳定机制，从严监管防控风险，出台了多项政策促进市场健康发展，这是中国黄金市场日渐成熟的重要指引。

在中国人民银行的领导下，经过近20年的探索和努力，上金所抢抓机遇，克难奋进，推动中国黄金市场实现了从无到有、从小到大、从弱到强的发展，逐步成为中国黄金市场的枢纽以及全球重要的黄金、白银、铂金交易中心。目前，已形成了以上金所集中统一的一级市场为核心，竞争有序的二级市场为主体，多元的衍生品市场为支撑的多层次、全功能的黄金市场体系。上金所黄金交易量、实物交割量连续多年均居全球交易所市场前列。

在这个快速发展的过程中，还存在一定的差距。未来，上金所将立足新发展阶段，贯彻新发展理念，对标国际最先进的黄金市场，通过建设与国际接轨的交易系统、持续完善交易机制、优化资金清算结算体系、强化交割储运网络等系列举措，努力推进高质量发展，全力构建世界一流的交易所。

以创新促发展，在发展中创新

《上财商学评论》：黄金市场和货币市场、证券市场、外汇市场等一起构筑成我国完整的金融市场体系，您是如何看待中国金融市场体系的？上金所在金融市场体系中起到了怎样的作用？

焦瑾璞：我国的金融市场体系包括货币市场、外汇市场、保险市场、资本市场、黄金市场等，是具有交易场所多层次、交易产品丰富、交易机制多样等特征的金融市场体系。党的十八大以来，在党中央领导下，我国金融市场发展成就斐然，金融服务实体经济能力和自身韧性明显提升。一方面，金融服务实体经济发展取得了全方位、开创性的历史成就；另一方面，金融要素市场化改革取得重要进展，高层次开放型金融体系初步形成。

黄金市场作为金融市场的重要组成部分，在一系列的政策和改革举措下，主动融入国家经济发展大局，不断促进中国金融市场体系的完善和金融市场效率的提升。

一是竭力维护市场平稳运行，防范化解风险。习近平总书记强调，防止发生系统性金融风险是金融工作的根本性任务，也是金融工作的永恒主题。防范化解风险、维护市场平稳运行始终是上金所的首要任务。上金所构建了一整套符合中国黄金市场实际情况的风险控制制度，严控市场风险，创造健康规范的黄金市场运行环境，维护黄金市场的正常秩序，保护投资者合法权益。一方面，加强制度建设，充分发挥保证金、涨跌停板、限仓、限额等制度的作用，严格管理交易结算风险；另一方面，建立健全运行风险管理框架，利用实时风险监控系统，通过实时交易信息、监控预警、操作合规检查、压力测试等模块有效监测和管理运行风险。

二是始终践行金融为民的服务理念，强化市场服务。为坚决贯彻落实党中央、国务院和中国人民银行党委关于金融支持实体经济、深入推进减税降费的决策部署，上金所采取多项措施降低投资者交易成本和实体企业用金成本，推动黄金市场产融结合，助力相关地区黄金产业的转型升级，将服务会员、服务产业、服务市场的宗旨落到实处。2020年以来，上金所在现货和延期市场首次采取结构化调降手续费的措施：黄金、白银延期合约手续费率下调为万分之一点五，现货合约手续费率下调为万分之三。充分考虑市场和会员实际，将延期市场递延费率调降为万分之一点二五，进一步降低了投资者持仓成本，有效提升市场效益空间，增加了市场的流动性。针对2020年的新冠病毒疫情，上金所减免了湖北地区会员单位免收相关业务费用，全面支持市场参与者度过抗击疫情的艰难时期。

三是响应“一带一路”倡议，助推

上海黄金交易所 新大楼

区域经济提升。主动贯彻对接国家关于区域经济发展的规划部署，服务好地方经济的发展和提升，支持和推动全国各地区黄金产业创新及全产业链可持续发展，积极助力环渤海经济区、西部沿边开发开放、面向东盟合作开放、粤港澳大湾区及海峡两岸区域性金融中心建设等。近年来，上金所先后与陕西、广西、厦门、重庆、云南、新疆、深圳七个地区签署了战略合作协议，积极探索推动与黄金生产、贸易、消费企业和相关市场主体共同建立黄金合作发展机制，促进区域金融市场的优势资源互通共享。

《上财商学评论》：上金所曾吸收过法国巴黎银行（中国）这样的机构作为会员，能不能简要介绍一下上金所的会员构成，以及如何成为上金所会员？

焦瑾璞：上金所的会员由成立时的108家发展到现在的280家，会员结构不断完善。国内会员单位年产金、用金量占全国的90%，冶炼能力占全国的95%；国际会员涵盖全球知名商业银行、精炼商和交易机构，分布在五大洲17个国家和地区。

上金所的会员分为普通会员和特别会员。普通会员按照业务范围可分为金融类会员、综合类会员和自营类会员。金融类会员可开展自营和代理业务及监管机构批准的其他业务；综合类会员可开展自营和代理法人客户业务；自营类会员仅限开展自营业务。特别会员包括国际会员、外资金融类会员及上金所认可的其他类型的机构投资者。申请成为上金所会员的机构，需要满足《上海黄金交易所章程》《上海黄金交易所会员管理办法》，以及《上海黄金交易所国际会员管理实施细则》的相关要求，经上金所审核并报上级监管机构审批。

《上财商学评论》：自2002年正式成立后，上金所一直在创新的过程中。比如落实关于“黄金现货市场向衍生品市场转变”的关键措施而推出黄金、白银询价业务，又比如2015年2月正式上线黄金实物询价期权业务——意味着中国黄金市场首款场内清算的期权产品诞生……上金所这些年又有哪些创新表现？

焦瑾璞：创新是黄金市场持续发展的活力之源。自黄金市场成立以来，以创新促发展，在发展中创新，一直贯穿黄金市场的整个发展过程。上金所先后推出黄金、白银、铂金的现货实盘合约，为黄金产业链中众多的供给和需求企业提供市场化的交易价格和买卖交割的平台，确保黄金实物作为生产资源能够按照市场供求规律顺畅调配。在此基础上，上金所又推出了延期合约，为市场参与者提供延期交收的选择，并引入中立仓、延期补偿费等机制来平抑实物供求矛盾。2005年推出国内第一个夜市交易；2011年推出询价交易模式，与竞价市场互为补充，发挥批发融通、价格形成、风险对冲等中枢功能；2013年联合上海证券交易所、深圳证券交易所推出黄金ETF，为投资者特别是中小散户提供了分散风险、优化资产组合的投资渠道。

近年来，上金所加快业务创新步伐，发展质量持续提升。从市场规模来看，到2020年年底，上金所交易额达到43.32万亿元，比2014年年底的6.51万亿元翻了近7倍。高速增长的交易规模背后，实际上是大量创新产品的强力推动。2015年以来上金所累计推出了近30项创新产品和业务：2016年1月推出“易金通”App，打造真正惠及群众的“百姓金”平台；2016年4月发布全球首个以人民币计价的黄金基准价格“上海金”，吸引了国内外主要产用金企业、银行参与报价，避免了外汇风险，完善了中国黄金市场的价格形成机制，有效提升了我国黄金市场的定价影响力；

黄金

2018年9月挂牌中国熊猫金币，打通了我国黄金市场与金币市场的产品通道；2019年10月挂牌“上海银”，为国内市场提供白银基准价，为人民币白银中远期价格的形成提供了参考和指引；2020年推出“上海金ETF”，首批4只产品在上海证券交易所挂牌上市，推进了证券市场和黄金市场的联动。产品与服务的不断完善，全面塑造了发展新优势。

“双循环”战略下的多元开放发展

《上财商学评论》：“盛世藏古董，乱世买黄金”，但今天的中国盛世对黄金的需求依旧很大。经过了十几年的发展，中国成为全球唯一覆盖黄金市场全生态链的市场，中国黄金的采矿、冶炼、生产、加工、消费均列全球第一。目前黄金投资的供应、需求及消费呈现哪些特点？

焦瑾璞：2020年我国黄金供应量为1 242.75吨。2020年我国黄金需求总量为1 208.08吨，我国黄金产量、消费量继续保持世界第一位。

从黄金消费情况来看，2020年新冠病毒疫情暴发，黄金首饰生产加工和零售均受到较大影响；随着国内疫情防控态势好转，黄金首饰消费稳步回升，特别是部分黄金首饰零售企业在线上打开新市场，一定程度上收窄了全年首饰消费量的降幅。同时，金价的巨幅波动和宽松的货币政策，引发了民间投资者对黄金的关注，2020年下半年金条及金币消费量同比呈大幅增长趋势。

2021年以来，黄金需求整体走强，受经济状况整体向好、金价走低及年初密集的节日热潮等因素作用，一季度中国金饰需求高达191.1吨，同比增长212%，是2015年以来同期最高的一季度。与推动金饰销售增长的因素类似，国内市场金条和金币需求也迎来上涨，强劲的国内经济表现持续为金条、金币及黄金实物需求提供了支撑。

《上财商学评论》：在打造全产业和交易平台的同时，我们开始全面对接和“切入”黄金的国际市场。一方面，这是扩大金融开放的表现，而扩大金融开放是新时期提升中国全方位开放的重要内容；另一方面，是借此促进人民币国际化的进程。上金所在促进人民币国际化进程方面有哪些举措？您对中国黄金市场与全球黄金市场融合发展的未来又有怎样的期盼？

焦瑾璞：上金所坚持本土发展与国际探索齐头并进，通过加强国际交流合作，持续拓展发展空间，加快推进国际化进程，提升中国黄金市场的定价话语权和国际影响力。

一是国际业务快速发展。黄金国际板成交规模从2014年年底的450多亿元增长到2020年的8.26万亿元，在交易总规模中的占比从2014年的不到1%增长到2020年的近20%。国际会员从2015年的40多家增加到如今的89家。国际板进口黄金在中国黄金进口总量的占比从2014年的几乎为零增长到2020年的接近四成。这实现了从单纯依靠主板市场到主板、国际板并驾齐驱的历史性跨越。二是国际影响力大幅提升。2015年开始与LBMA协同推动全球统一公斤条标准共建；2018年成立负责任黄金研究课题组，协助制定和完善中国负责任黄金管理体系标准；2019年启动“黄金之路”项目，整合“一带一路”沿线国家和地区产用金需求，促进市场互联互通。这实现了从被动接受国际规则到主动参与国际治理、主导规则制定的历史性跨越。三是定价话语权显著增强。2016年上线“上海金”定价交易机制，2017年授权迪拜黄金与商品交易所推出以上海金为定价基准的黄金期货合约，2019年与CME联合推出“沪纽金”合约，同时上线“上海银”定价交易机制。这逐步实现了从定价权缺失到奋力夺取定价制高点的历史性跨越。

在当前积极构建“双循环”新发展格局、金融体制改革稳步向纵深推进的背景下，上金所将不断巩固国际化战略发展成果，不断充实多元开放发展内涵，为全球黄金市场发展和创新进步注入更多活力。

【专区】

上海×商学×焦瑾璞

《上财商学评论》：上海自开埠以来就在八面来风中发展成了重要的金融高地，对上金所来说，它的"初心"是不是还包括为上海建设国际化金融中心而努力？

焦瑾璞：上金所诞生在上海，与上海具有国际金融中心的地位和发展前景颇有渊源。作为中国现代化程度最高的城市，上海拥有银行间本外币市场、银行间债券市场以及证券、期货等全国性或区域性市场，为黄金交易的顺利进行提供了结算、融资等方面的服务基础，对于黄金市场的开放创造了优势便利环境。

作为在沪的国有企业，上金所多年来致力于为上海国际金融中心建设贡献力量。一是积极推动"上海价格"和"上海标准"走向国际，引领市场趋势。"上海金"为占全球黄金实物消费近一半规模的中国市场和实体企业提供了更有利的交易模式，对提升人民币对全球金融资产的定价权、丰富离岸人民币投资渠道、助力人民币国际化进程都起到了积极作用。"上海金"上线五年来，运行情况稳健，交易、交割和清算安全顺畅，参与机构范围稳步扩大，定价功能逐步受到市场认可。截至2020年，"上海金"成交量超过986吨，成交金额超过3 854亿元，切实提高了国际投资者对中国黄金市场和"上海金"基准价的认可度，助力上海国际金融中心建设。同时，"上海金"金锭标准作为"上海金"黄金实物的基础，已被全球黄金市场普遍接受的权威质量标准，并于2020年入选首批"上海标准"，成为唯一获此殊荣的金融领域企业标准。二是打造金融产品与服务创新，提升金融"软实力"。上金所不断完善登记托管、清算结算、交割储运等金融基础设施，积极推进与"一带一路"沿线国家和地区政府、金融机构和企业的合作，拓宽和扩大境内外主体参与上海金融市场的渠道和规模。比如，上海黄金交易所开发的"黄金之路"项目以黄金国际板为平台，与"一带一路"沿线国家和地区实现"黄金租赁+珠宝加工复出口"、转口贸易及标准金锭加工复出口等业务的落地，逐步在全球黄金资源

配置中发挥中转和服务功能。三是积极承担社会责任，为上海城市建设贡献力量。上金所兼顾经济效益和社会效益，2015年以来以“上海金”人民币交易为代表的产品先后获得上海金融创新成果奖一等奖、上海金融业改革发展优秀研究成果一等奖，国际板业务、黄金询价期权业务、“上海银”、交易所系统建设等荣获上海市金融创新及相关荣誉称号20余项。2018年9月，上金所提出争创上海市文明单位，认真落实金融系统文明办的工作部署，深入开展创建活动，顺利参评第20届上海市文明单位，荣获2019—2020年度上海市文明单位称号。

上海黄金交易所 新大楼

在上海国际金融中心新的发展阶段，习近平总书记在浦东开发开放30周年庆祝大会上的讲话中指出：“要完善金融市场体系、产品体系、机构体系、基础设施体系，支持浦东发展人民币离岸交易、跨境贸易结算和海外融资服务，建设国际金融资产交易平台，提升重要大宗商品的价格影响力，更好服务和引领实体经济发展。”上金所将深入贯彻落实习总书记的讲话精神，更好地统筹国内国际两个市场、两种资源，提高对资金、信息、技术、人才等要素配置的全球性影响力，实现更深层次、更宽领域的全方位高水平开放，助力上海成为金融开放新高地和高质量发展新引擎。

《上财商学评论》：您对贯行了百年商学的上财有什么寄予和期盼？

焦瑾璞：百年的商学发展，秉承着上财教育的传统，商学院在学科建设、教学科研、人才培养和服务经济建设主战场上取得了令人瞩目的成绩，学科优势突出、师资力量雄厚、综合实力居于全国前列，为国家培养了一批又一批商业精英。未来，希望上海财经大学向着全球一流的商学院迈进，始终坚守初心和使命，为国家富强、民族振兴和人民福祉不惧艰险，披荆斩棘，勇往直前。商

三十而立，投身时代的新使命

访谈嘉宾｜董国群　上海证券交易所党委委员、副总经理

统编｜编辑部　采写｜周照 王千马 秦懿

董国群

《上财商学评论》：董总是1989年参加工作的，那时正好赶上了一件对中国金融、经济发展来说都极具历史意义的大事：上海证券交易所正式成立。对此，您应该很有感触吧？

董国群：20世纪70年代末开始的改革开放启动了我国经济从计划体制向社会主义市场体制的转型，同时国有企业改革的深入推进、中国经济发展的提速也对资本市场的建设提出了更高的要求。在这样的背景下，1990年上海证券交易所正式成立，我国资本市场应运而生。开业之初，仅有来自上海、浙江的8家上市公司，市值12.34亿元；目前，上市公司已接近2 000家，总市值超过48万亿元，占GDP比例超过40%。上海证券交易所（下称“上交所”）总市值已位居全球第三，仅次于纽交所和纳斯达克。

我是1996年进入上交所工作的，有幸见证了上交所因改革开放而生、因改革开放而兴的历程……

上交所是中国两所证券交易所之一，于1990年11月14日被批准设立，12月19日正式营业。到今天，走过了三十多年的历史。

上交所的设立和“振兴浦东”息息相关。1990年4月18日，党中央、国务院做出“开发浦东，振兴上海，服务全国，面向世界”的重大战略决策。浦东开发开放的重大战略部署之一，就是在上海开设证券交易所。这既表明上海的证券市场已经发展到了一个新的阶段，也从侧面标志着上海正从工业城市转变为多功能的经济中心城市。

随着上交所于1997年与其他数个国家级交易所一起东迁，其落户陆家嘴浦东南路，在集群效应下，陆家嘴金融贸易渐成气候，上海金融中心的形象由此树立起来。在“金融先行”的同时，“贸易兴市，基础铺路，工业联动”的浦东开发战略逐渐落地，整个上海也因此受益匪浅。

上海证券交易所 交易大厅

上交所在助推上海建设国际金融中心、加快上海服务业的发展、实现上海经济结构调整和经济增长方式的加快转变上，依旧是快马加鞭。与此同时，上交所正在做的科创板和试点注册制，通过聚焦高新技术和战略新兴产业，着力促进金融资本和创新资源的有机结合，又将有力推动上海金融中心和科创中心建设融合联动。

上交所的另一重重要意义是“标志着我国将坚定不移地继续奉行改革开放的政策”。它不仅是上海的，更承担着对外展示我国形象、服务整个国民经济的重要历史使命。这就让它积极参与了祖国崛起和民族复兴的伟大进程。

与成立于1698年的伦敦证券交易所、成立于1792年的纽约证券交易所、成立于1878年的东京证券交易所相比，上交所的历史并不长，它更像是一个初生的婴儿，但就是这短短三十多年，它已发展成为全球最大的新兴市场交易所。可以说，在某些方面，A股市场用三十多年的时间走过了一些发达市场几十年甚至是上百年的道路。

这些亮眼得让人大加赞赏的表现，既是上交所自身努力的结果，也是它抓住时代机遇的奖赏，更重要的是，改革开放给它插上了腾飞的翅膀。

因改革开放而生、因改革开放而兴

春江水暖鸭先知。如果把时间往前拨几年，我们一定会感受到上交所的诞生是时代的必然。

1986 年 11 月 14 日，邓小平在北京会见美国纽约证券交易所董事长约翰·凡尔霖率领的美国证券代表团。当时，凡尔霖带来了两件特殊礼物——美国证券交易所的证券样本和纽交所的徽章。邓小平高兴地接受了他的礼物，并回赠了一张面值 50 元的上海飞乐音响公司股票，用这种象征方式向世界宣告中国改革开放的决心。飞乐音响作为“新中国第一股”，被永远记载在中国金融、经济发展的史册上。

在董国群看来，“新中国第一股”的出现，无疑是改革开放后我国城乡经济日益活跃，涌现以温州模式、苏南模式为代表的多种经济发展模式所带来的结果。这些经济发展模式的出现，意味着依靠银行信贷的间接融资方式已无法满足经济快速发展的需要。资本市场直接融资应运而生。

有股票，就必须要建立相应的股票流通市场。《盘活：中国民间金融百年风云》[①]一书写到，随着越来越多的人纷纷打听股票买卖、转让的情况，一些有识之士开始认识到，“股票如再不建立流通市场，股票市场再不开放，社会主义的股票就要失去生命力，失去信誉。中国企业向股份制迈进的行程也将大受影响，甚至导致股份制改革的夭折”。

①王千马．盘活：中国民间金融百年风云[M]．北京：现代出版社，2015:257.

可以说，上交所的一声锣响，拉开了中国资本市场大幕。它打破了我国单一的间接融资体系，让直接融资与间接融资双轨并驾齐驱，为我国的经济改革和经济高速增长提供了崭新的融资机制保障。

《上财商学评论》：我们不能否认的是，面对这些新兴事物的出现，当时仍为“计划”所困扰，对此仍有所疑虑。某种意义上，上交所既是改革开放的产物，也不断地推动着改革开放。您如何看待上交所的创建？

董国群：1990—2000年，是我国资本市场“在发展中摸索规范”的十年。这个阶段，资本市场最大的特点在于市场机制还未建设起来、股票证券发行实行审批制，同时资本市场是否应当建立仍存在很大争议。

1992年南方谈话提出在深圳、上海试点股票市场，不仅体现了对股份制和股票市场的肯定，解决了长期姓“资”姓“社”问题的争论，而且直接推动中国资本市场发展迈出关键性的步伐。

市场在此期间逐步摸索前行，其间，虽然也经历了一些曲折，但市场因此逐步走向规范，特别是监管和立法层面的逐步完善。1999年《证券法》的出台，标志着我国证券市场跨入了依法治市的新阶段，对证券公司的发展产生了深远的影响。

这十年之于上交所，是找准定位谋发展的阶段。1990年11月26日上交所正式成立，12月19日开业，这标志着我国股票集中交易市场的正式建立，股票交易由场外分散交易进入场内集中交易。交易所股票市场的建立，为高效、规范的股票交易奠定了基础，开启了我国资本市场发展的新纪元。

1997年，国务院决定将上交所和深交所划归证监会直接管理，上交所从区域性市场转变为全国性市场，发展定位逐步聚焦于主板市场。至此，上交所开始思考主板发展战略和蓝筹股的市场定位问题。

《上财商学评论》：如果说，第一个十年是上交所在改革开放中破局的十年，是"找准定位谋发展"的十年，那么，接下来的几年又是怎样的？

董国群：2000年之后，中国资本市场进入了"在规范中促进发展"的阶段。这个阶段的最大特点在于股票发行核准制的实行。同审批制相比，核准制有了很大的进步，是证券市场的重大制度创新。另外，政府部门加强了对资本市场的管理，国务院出台《关于推进资本市场改革、开放和稳定发展的若干意见》，是对资本市场的重视，进一步推动资本市场的发展。

这段时期的上交所，市场活力逐渐增强，众多大型蓝筹股先后上市。上交所为壮大股票交易市场，积极引导和推动大型优质企业发行上市，并于2008年明确把"全力推进蓝筹股市场建设，服务国民经济可持续发展"写入阶段战略规划。经过多年持续不懈的建设，上交所的蓝筹股市场地位日益凸显，吸引了一大批来自银行、地产、钢铁、有色、机械、能源等行业的优质企业，包括亚洲乃至全球盈利总额最大的公司——中国石油、工商银行，以及中国银行、中国神华、中国铝业等先后在上海市场亮相。这不仅扩大了上市公司行业覆盖面和直接融资规模，同时也增强了资本市场与国民经济的整体关联度。

2014年以来，上交所进一步推进蓝筹股市场的发展转型。以优化结构为重点，通过引入活水等具体举措，释放蓝筹股市场的活力和潜能。2017年，上交所开启"新蓝筹"（新经济+蓝筹）行动。该行动通过为沪市主板引入新经济企业、传统产业转型企业和高技术企业，实现上交所股票市场从传统大盘蓝筹为主的市场转变为多层次、多样化、有包容性的"新蓝筹"市场，推动建设上交所成为我国国民经济支柱、新兴产业龙头等优质企业的上市首选地，切实服务国家经济转型升级及科技创新大局。

《上财商学评论》：众所周知，2018年以来，上交所开启了自己的全新使命。对于这全新使命，上交所又有怎样的担当？

董国群：2018年起我国资本市场进入“在发展中加强创新”的阶段。十九大报告提出，要深化金融体制改革，增强金融服务实体经济能力，提高直接融资比重，促进多层次资本市场健康发展，这为中国资本市场的进一步发展与建设指明了方向。

2018年11月5日，习近平在首届中国国际进口博览会上宣布，将在上海证券交易所设立科创板并试点注册制。259天后，2019年7月22日科创板正式开市交易，首批25家公司挂牌上市交易，设立科创板并试点注册制的重大改革任务正式落地。科创板的设立，一方面，是资本市场发展的需要，是以科创板“试验田”的增量改革带动资本市场的存量改革；另一方面，也与当前大国竞争和博弈、西方的技术封锁和“卡脖子”大背景息息相关，在一定程度上肩负着培育服务“硬科技”企业突破技术封锁和壁垒的使命。

开市以来，科创板实施以信息披露为核心的证券发行注册制，着力支持符合国家战略、突破关键核心技术、市场认可度高的科技创新企业做优做强、发展壮大。截至2021年5月31日，科创板已上市企业282家，融资总额达到3615.38亿元，总市值为4.08万亿元。

回望过去的三十多年，上交所从无到有、从小到大、从区域到全国、从单一到综合、从封闭到开放，发生了巨大变化。在这沧桑巨变背后，我们体会到了一以贯之的“底层逻辑”，那就是资本市场必须毫不动摇地服务实体经济、服务国家战略、服务时代使命。

展望未来，我们充满信心与期待。上交所，作为资本市场的重要枢纽和平台，作为国家金融基础设施的重要组成部分，将以推动高质量发展为主线，以改革创新为根本动力，不断提升资本市场服务构建“国内国际双循环”新发展格局的能级，为全面建设社会主义现代化国家、实现第二个百年奋斗目标做出新的更大贡献。

主板，厚植实体经济

三十多年的发展，让上交所一跃成为我国多层次资本市场中以主板蓝筹为特色的市场。

它不仅吸引了越来越多的境内和境外（QFII）机构投资者，其沪市主板更是集中了一批专注主业、业绩优良、治理有效、信息披露合规的优质蓝筹公司，基本覆盖了大类行业的重点龙头公司和细分领域竞争力较强的企业，是国民经济的主力军、压舱石，已形成一批高质量的公司群体。

以 2020 年年报数据看，沪市主板公司业绩企稳回升，实现营收超过 38 万亿元、净利润逾 3 万亿元；营收在全国 GDP 的占比近四成，五成公司收入和利润双增长，六成公司收入正增长，九成公司实现盈利。同时实体类公司复苏强劲，超七成公司连续三年主业盈利，民生及设备制造行业保持较快增长；直接融资稳步提升，研发投入也持续增加。

此外，沪市主板公司重视投资者沟通与回报，现金分红保持高位。2020 年，沪市主板约有 1 200 家公司推出分红方案，占全部盈利公司数量近 85%，现金分红总额接近 1.14 万亿元，占全市场总分红金额的 75%。

《上财商学评论》：在沪市主板中，国资、国企是中国力量。而国资、国企改革，无疑是中国经济长期重要的看点。对上交所来说，是如何助推并实现“国企提质增效”的？

董国群：目前，沪市主板国有企业（含金融类）约有680家，占比达到沪市主板整体的42%，市值规模29.5万亿元，占比67%；2020年度实现营业收入31万亿元，实现净利润2.7万亿元，占比分别为82%和88%。不论从数量、市值规模，还是经营业绩看，国有企业在沪市主板都占据着重要地位。

国有企业是我国国民经济的重要支柱，是中国特色社会主义的重要物质基础和政治基础。国有企业的做大、做优、做强，对我国社会主义市场经济体制建立、经济社会健康发展、科学技术创新进步、人民幸福生活水平提升，具有重要的作用和意义。在国有企业改革实践中，资本市场是国有企业改革的重要载体，通过资本市场的融资与资源配置功能，国有企业能够进一步推进内部机制创新与现代企业制度建设，实现公司治理与经营效率的优化，不断提升综合竞争力。同时，资本市场在国有企业的支持下发展壮大，能够增强其服务实体经济的能力。两者相得益彰，相辅相成。

在支持国有企业提质增效、深化混合所有制改革方面，上交所开展了一系列工作，包括支持国企充分运用资本市场工具，通过整体上市、并购重组、再融资等做优做强；支持国企用好交易所债券市场、基金市场、通过发行债券、开发 REITs 产品、基金产品等，丰富融资工具，提高运用资本市场创新产品的能力；持续推动国有企业深化体制机制改革，优化公司治理，激发创新活力，不断巩固并提升行业地位。

最近几年，在服务供给侧结构性改革及国企改革三年行动方案的大背景下，上交所积极支持国企央企通过并购重组等方式，实现转型升级、资源整合，推动高质量发展。例如，中远海控收购东方外运，在实现业务协同的同时，使得上市公司跻身全球领先集装箱运输公司，进一步巩固了行业竞争力；招商局集团推动大连港吸收合并营口港，两大港口发挥各自区位及资源优势，优化码头资源配置；宝钢股份换股吸收合并武钢股份，后续还重组了马钢、太钢、重钢等，跻身市场领先钢铁集团；国网信通通过资产置换实现对国家电网部分资产的整合，并向着新型信息通信业务转型。

《上财商学评论》：我们发现，除了国企之外，一批优秀的民营企业也成了上交所的“常客”。您对此如何看待？

董国群：改革开放以来，我国民营企业竞争力逐步成为国家综合竞争力的重要元素，民营经济的发展取得举世瞩目的成就，在经济增长、民生就业、科技创新等方面做出了重要贡献，在推动我国经济体制改革中发挥了重要作用。党的十八大以来，习近平总书记多次强调要坚持“两个不动摇”，民营经济在我国经济社会中的重要地位和作用始终不变，支持民营企业发展是党中央的一贯方针。

民营企业的发展离不开资本市场的支持，通过运用各类资本市场工具，民营企业可以拓宽融资渠道，满足其不同发展阶段的资金需求，在资本市场的要求下进一步优化经营和治理结构，推动自身进行转型升级、发展壮大。

《上财商学评论》：在支持民营企业发展上，上交所又有哪些得力的方式？

董国群：一方面，通过资本市场直接融资，缓解民营企业融资难、融资贵的问题。2020年以来，沪市民营企业完成再融资76家次，合计融资金额逾1 100亿元。另一方面，通过并购重组助力民营上市公司转型升级、提升质量。经统计，沪市民营上市公司2018—2020年分别披露重大资产重组方案79单、44单、42单，涉及交易金额分别约为1 490亿元、760亿元、1 310亿元。

在资本市场的助力下，沪市一批民营上市公司成长为行业龙头企业。例如，在光伏产业龙头隆基股份的发展历程中，离不开金融的支持和保障，2012年公司IPO募集资金15.75亿元，而后通过有效运用各类资本市场工具进行再融资。其后公司实施了六次再融资，累计融资近200亿元，保障了公司一系列扩产项目的顺利实施，使得公司核心竞争力不断增强，硅片产能已从上市前的0.71GW提升至2020年年底的85GW，增长了120倍；组件产能从2014年的0.2GW提升至2020年年底的50GW，增长了250倍。隆基股份已发展成为全球最大的集研发、生产、销售、服务于一体的光伏单晶产品制造企业。

再如，福耀玻璃自1993年上市至今，营业总收入从1.69亿元增长至199.07亿元，归母净利润由0.64亿元增长至26.01亿元，总市值也从15亿元扩大为1 429亿元，成为名副其实的千亿龙头企业。福耀在发展壮大的过程中，资本市场的作用功不可没。上市以来，福耀玻璃累计募集239.26亿元，其中直接融资146.63亿元，占比61.28%。另外，通过股票市场交易等方式，福耀玻璃与法国玻璃企业圣戈班开展合作，学习国外先进的技术及管理经验，为后续国际化版图进一步扩张打下基础。

《上财商学评论》：作为市场组织者、监管者和服务者，上交所在切实推动公司夯实基础、化解风险上，一直颇有心得。您能否具体总结一下上交所的成功经验？

董国群：专注主业、基础扎实、底子深厚，是沪市蓝筹市场的基本标签。但在三十多年的发展历程中，上市公司群体出现少量分化也是必然的。一些公司出现阶段性困难，或是逐步暴露各类经营、合规、流动性或股东层面风险。虽然占比不高，但是考虑到个案风险突出，加之上市公司一举一动在市场上都有较大的外部性，如不加以及时化解，可能出现风险外溢或传导。因此，持续推进风险化解是上交所的一项重要工作。

“化解风险”四个字看似简单，实则是对监管和服务能力的大考。上交所在长期实践中，摸索出了“坚持市场化、法治化原则，监管与服务并举，主业为本、综合施策、务求实效”的风险化解路数。例如，对于因行业周期、市场变化出现暂时性困难的公司，抓住关键节点、给予政策空间，推动其利用资本市场加快转型升级；而对于因扩张过快、投资激进、盲目跨界导致风险暴露的公司，我们风险化解的核心思路是以信息披露为抓手，引导公司认清实情、下定决心当断则断，主动把隐患进行化解。此外，抓住关键少数，宽严相济讲分寸，也是风险化解的重要方法。

与此同时，面对2020年新冠疫情的冲击，资本市场统筹推进疫情防控、深化改革、风险防范和支持经济社会发展各项工作，上交所也积极为沪市公司提供各方面支持。比如，在重大重组审核、信息披露监管、现场业务办理等方面，优化自律监管与服务方式，为上市公司提供政策咨询、远程视频、在线培训等多种服务；对上市公司并购重组、再融资、质押风险化解等，依法依规给予必要支持，帮助受疫情影响显著的行业公司渡过难关。同时，建立债券绿色通道、快速办理基金审核，全力对接和支持相关企业发行“疫情防控债”“抗疫债基”等，积极配合做好疫情防控期间地方政府债券发行服务工作。

《上财商学评论》：通过上交所一系列的风险化解手段和服务支持，主板公司经营业绩在疫情发生后又有怎样的表现？

董国群：冲击是一时的，沪市主板公司在疫情后迅速企稳复苏，2020年整体呈现“V”形反弹态势，有力助推国民经济回稳复苏和转型升级；2021年开局的复苏势头更加稳固，上市公司的后续发展可期。

沪市主板公司2020年一季度至四季度的营业收入增速分别为-8%、2%、5%和6%；净利润同比增速分别为-23%、-21%、15%和19%。从这组数据可以看到，在国家各项政策的支持下，沪市公司克服了疫情和严峻复杂国际形势的不利影响，生产经营逐季恢复。全年营业收入合计达38.19万亿元，同比增长1%，占全国GDP总额的近四成；实现净利润3.07万亿元，同比下降5%，剔除个别涉及重大风险处置的巨亏公司后，降幅收窄至2%。

2021年一季度，整体经营开局良好，复苏势头更加稳固。沪市主板公司业绩延续向上走势，且各项数据都优于疫情前的水平。沪市主板公司共计实现营业收入10.26万亿元，同比增长26%，较2019年同期增长17%；净利润9 985亿元，同比增长45%，较2019年同期增长12%。其中，近九成公司盈利，并且在盈利公司中有670余家净利润增幅超过30%、近560家超过50%，显示出强劲的发展势头。此外，还有部分公司积极应对形势变化，全力优化生产经营，近270家公司扭转了2020年同期的亏损局面、380余家实现减亏。

随着疫情防控成果的巩固，以及居民消费需求的释放，部分前期受冲击较大的行业正在逐渐恢复。以交通运输、能源采掘行业为例，2021年一季度分别实现了174亿元和811亿元的净利润，比2020年同期的大幅亏损已显著回暖，业绩转正；与居民日常生活息息相关的批发零售和文化娱乐行业分别实现了148亿元和29亿元的净利润，同比增长近1倍和2倍。从一季报看，沪市主板公司2021年全年业绩向好可期。

科创板，为国家科技创新战略担使命

设立科创板并试点注册制是上交所三十多年来坚持服务实体经济、服务国家战略、服务时代使命的延续，也是上交所的再出发。

设立科创板并试点注册制重大改革，肩负着双重使命：一是服务创新驱动发展的国家战略，服务实体经济高质量发展；二是以科创板“试验田”的增量改革，带动资本市场存量改革。这两个目标都是对资本市场回归初心的探索。

一方面，科创板的设立是对资本市场更好服务实体经济的“试验”，是为面向世界科技前沿、面向经济主战场、面向国家重大需求、面向人民生命健康的科创企业提供融资途径并促进创新资本形成的重大战略举措。通过改革，让资本市场回归助力实体经济、服务科创企业的本源。科创板率先探索科技、资本和实体经济高水平循环的改革途径，加速了各类科技资源和资本资源的有机结合。

另一方面，注册制改革试点是对“充分发挥市场在资源配置中的决定性作用，更好发挥政府作用”的“试验”。注册制改革是资本市场改革的“牛鼻子”工程，核心在于进一步理顺政府与市场的关系，改变过去由证券监管部门把握哪些企业可以发行、何时发行、何价发行的模式，充分发挥市场在资源配置中的决定性作用，在市场失灵时更好地发挥政府的作用。同时，以注册制试点带动发行、上市、交易、退市等覆盖企业上市全生命周期的基础制度改革，为市场积累可复制、可推广的经验。

某种意义上，科创板的设立，既是补齐资本市场服务科技创新的短板，也是资本市场的增量改革，又是现阶段资本市场服务科技创新的重要体现，契合当前我国新发展时期、新发展阶段的需求。

与此同时，上交所借此重大机遇，当好改革开放的排头兵，锐意成为优化资源配置、建立现代企业制度、促进经济结构转型升级的领跑者。

《上财商学评论》：在您看来，科创板的主要改革突破和实践效果体现在哪些方面？

董国群：在改革突破方面，科创板精简优化了发行上市条件，转化为严格信息披露要求；重构了审核机制和程序，坚持公开透明、可预期审核；推行了市场化的发行承销安排，把定价权交给市场；优化改革了交易制度，无论是涨跌幅限制的放开，还是盘后固定价格交易机制的引入，都有利于市场各方充分进行价格发现。与此同时，以信息披露为核心的持续监管制度已经建立，落实保荐机构持续督导责任、强化发行人持续信息披露义务、加强对控股股东及实际控制人等关键主体在企业上市后承担的规范运作和信息披露职责的监督。完善与注册制改革相适应的配套法律、法规受到高度重视，大幅度提高注册制下市场各方违法、违规成本成为共识。市场法治建设取得了长足进展。

以发行上市条件为例，注册制下，科创板设立了多元包容的发行上市条件，针对科创企业的特征设置了以市值为核心的5套基本上市标准，特别是创新设置了以研发投入为维度的上市标准，更加突出科创板鼓励企业研发创新的导向；同时，针对红筹企业、特殊股权结构企业设置了相应的上市标准。整体上看，科创板上市门槛与纽交所、纳斯达克全球精选市场、香港联交所主板市场基本持平。

在实施效果方面，在更有包容性的发行上市制度下，科创板坚守定位、促进科技创新发展的示范带动效应不断增强。

一是支持科创企业上市的包容效应明显。科创板针对科创企业的特征，取消了强制性盈利等明显不合适的条件，为不同成长阶段、不同投票权架构、不同注册地的科创企业设置了多套灵活的上市标准，显著提升了市场的包容性。例如，全球领先的集成电路晶圆代工企业、国内芯片龙头、首个A+H红筹企业—中芯国际，作为“中国第一大硅晶圆厂”的未盈利企业——沪硅产业，按原有上市标准均无法上市，现受益于科创板的包容性成功实现发行上市。目前，已有19家未盈利企业、3家红筹企业和2家特殊股权架构企业在科创板上市。

二是“硬科技”企业带来的示范效应和集聚效应初步显现。《科创属性评价指引》《科创板企业发行上市申报及推荐暂行规定》发布以来，市场得到了良好的引导和约束。以中芯国际、沪硅产业、绿的谐波、中控技术等为代表，一批极具“含科量”的硬科技企业陆续登陆科创板，逐渐发挥科创板吸引和集聚国之重器、科技领先类企业的优势。尤其在集成电路、生物医药、人工智能三大先导产业，已经逐步形成了产业集聚效应，支持了一批“卡脖子”技术攻关领域的硬科技企业。

例如，集成电路行业，在科创板推出前，A股发展了三十多年只有36家相关公司，占同期A股上市公司总数的1%；科创板开市不足两年，就有了29家集成电路公司，占科创板上市公司总数的比例超过10%，市值占比接近1/4，涵盖上游芯片设计、中游晶圆代工及下游封装测试全产业链，同时兼备半导体材料和设备制造等支撑环节，是科创板“硬科技”属性的一个代表性行业。

集成电路

《上财商学评论》：科创板的运行状况是怎样的？

董国群：2019年以来，科创板经历了“首年从无到有，第二年从有到优”的成长历程。目前，科创板已上市公司数量达到282家，有两个特征表现突出。

一是“硬科技”特征明显，研发投入持续加码。开市以来，科创板公司持续加大研发投入，加快研发进程。在研发投入方面，2020年科创板公司研发投入金额合计389.62亿元，占营业收入的比例平均为12%。在研发人员方面，已经汇聚了一支超过7.5万人的科研队伍，占员工总数的三成；三成公司的实际控制人具有博士学位，六成公司的实际控制人是专业背景出身并担任公司核心技术人员。在重要奖项方面，有78家公司获得过国家级重大科技奖项；六成公司产品实现进口替代，推动重要领域的国产化；超过五成的公司参与“863”“973”，以及国家重点研发计划等国家级重大专项。在研发成果方面，2020年新增知识产权1.6万余项，其中

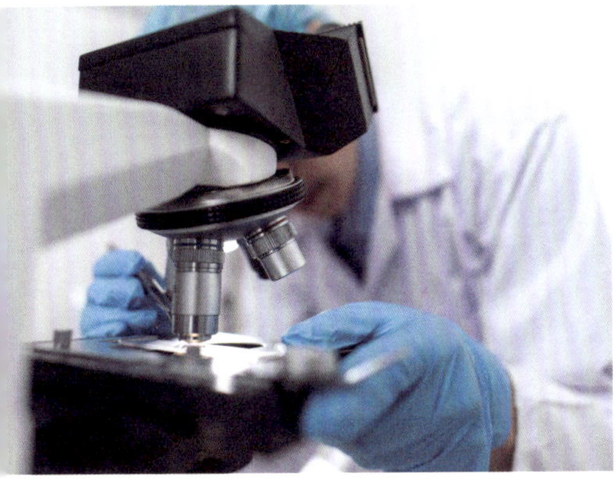

生物医药

人工智能

新增发明专利4 500余项。一批公司在上市后取得重要研发成果，如君实生物2020年开发的新冠中和抗体药物已授权美国礼来进行后续研发并得到了FDA的紧急使用授权，天合光能推出了210大尺寸硅片、电池及组件并引领了行业迈入光伏600W新时代。

二是成长性较好，在各板块中表现突出。2020年，科创板公司总体经营稳健，业绩持续向好。合计实现营业收入4 084.38亿元，同比增长15.5%；归母公司净利润500.86亿元，同比增长59%，在A股各板块中位列第一。值得一提的是，体现科创板包容性的未盈利、特别股权架构、红筹等特殊类型企业，上市后发展势头向好。2020年，18家上市时未盈利的企业合计大幅减亏36亿元，3家公司（中芯国际、仕佳光子和九号公司）首次实现盈利并“脱帽摘U”。

2021年一季度，科创板公司共计实现营业收入1 054.47亿元，同比增长65.17%；实现归母公司净利润130.24亿元，同比增长208.13%，恢复增长迅速，发展后劲十足。

《上财商学评论》：未来，我们将如何进一步建设好科创板？

董国群：未来，科创板的建设将始终秉持板块设立时的初心，服务实体经济、服务国家战略，带动资本市场存量改革，确保行稳致远。

第一，继续用资本赋能科技创新驱动。上交所将坚守科创板定位，坚持服务科技自立自强，支持和鼓励更多硬科技企业上市，更好地发挥科技创新策源功能，在推动科技、资本和实体经济高水平循环方面展现更大的担当与作为。

第二，继续种好资本市场深化改革的“试验田”。以注册制改革试点为引领，加速形成从入口端到上市端再到常态化退市端的系统性机制建设，提供良好制度供给，大力推动“有效市场”发挥决定性作用，及时启动“有为监管”弥补市场失灵。同时，基于板块定位，加大对支持硬科技企业发展的制度供给力度，持续优化并购重组、再融资和股权激励制度。

第三，防范市场乱象在科创板市场

重演。近年来，存量市场有一些乱象，损害了市场秩序和投资者利益，受到市场诟病。科创板虽是全新板块，但也处于A股市场的大生态、大环境中，传统乱象会不会重演，需要保持高度警惕，需要抓早抓小、预研预判，对于苗头性问题做到“早发现、早处置”，谨防小病变大病、个体风险变成系统性风险。

服务发展，持续推动提高沪市公司质量

上市公司质量是支持资本市场的支柱和基石，是促进金融和实体经济良性循环的微观基础。没有好的上市公司，就不可能有好的资本市场。为此，推动提高上市公司质量，是资本市场全面深化改革的一项重要任务。

经过三十多年的与时俱进和创新，上交所进入了一个全新的让人振奋的征程，我们不能忽视的是，新的征程中会有新的“拦路虎”— 尽管从整体看，沪市公司群体较为稳健，在面对疫情和复杂国际形势的挑战时，表现出了较强的韧性，但也有部分沪市公司存在困难。

这些存在困难的沪市公司，大多是受宏观环境、国内外经济形势等因素影响，存在阶段性困难；个别是公司治理出现异化，发生财务造假、资金占用、违规担保等恶性违法、违规行为。

对此，上交所在未来的日子里，要切实发挥好一线监管服务作用，进一步夯实沪市公司专注主业、业绩优良、治理有效、信披合规的质量基础，与市场各方同心合力，努力将沪市公司打造成高质量群体，服务好资本市场改革和实体经济发展。

《上财商学评论》：对上交所来说，未来推动提高公司质量的主要思路有哪些？

董国群：基于上述目标，上交所立足一线监管的主责主业，明确了交易所推动提高公司质量的主要思路在于基于职责定位，建机制、聚合力。一是要培育上市公司愿意专注主业、提高质量的市场机制，让好的公司有好的待遇，解决提高质量内在驱动力的问题。二是

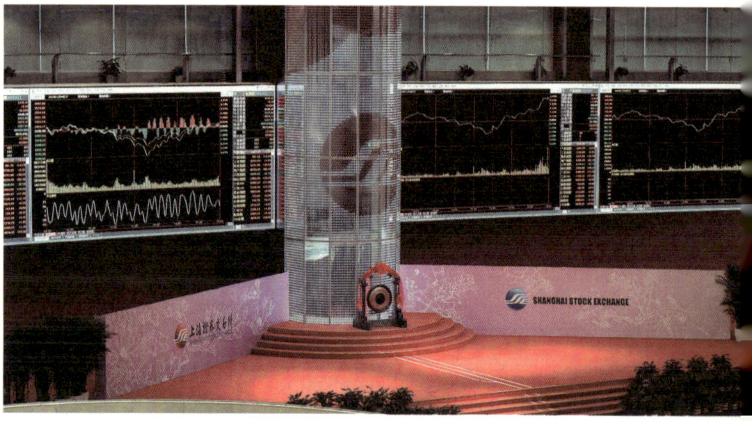

上海证券交易所 交易大厅

要形成合力、营造生态，注重发挥关键少数、政府和中介机构的作用。三是要抓好监管的主责主业，以分类监管为抓手，既要支持引导公司规范运作、完善治理，也要严肃整治市场乱象，防止劣币驱逐良币。

《上财商学评论》：2020年，国务院印发的《关于进一步提高上市公司质量的意见》，是否是上交所下一步工作的重点？

董国群：14号文发布后，各方对上市公司质量的期待很高，上市公司高质量发展由此迎来了难得的历史机遇期。上交所相应制定了《推动提高沪市上市公司质量三年行动计划》，明确了交易所开展工作的具体时间表、路线图。抓住设立科创板并试点注册制这个“牛鼻子”工程，加强资本市场建设和改革，力争通过三年左右的时间，在沪市形成一大批体现高质量发展要求的上市公司群体。

首先，持续推动关键制度改革。《关于进一步提高上市公司质量的意见》把制度建设作为推动上市公司提高质量的重要支撑，把制度建设摆在突出位置。入口端，深入推进科创板建设，在国务院金融委和证监会部署下，全面实施股票发行注册制，支持更多优质企业利用资本市场做大做强。出口端，严格退市监管，拓宽多元化退出渠道，切实承担起退市实施的主体责任。持续监管端，支持公司用好用足并购重组、再融资、公司债券、可转债、优先股、REITs、ETF等市场工具；在科创板积极探索制度创新，为科技创新企业提供动力，形成可推广、可复制的经验。

其次，加强“规范治理+强化信披”的双轮驱动。如果说信息披露是“表”，那么公司治理就是“里”，要坚持内外兼修，强化监管，才能够夯实推动提高上市公司质量的基础。同时，要引导和支持上市公司通过业绩说明会等多种渠道，加强与投资者尤其中小投资者充分沟通，推动建立公司董事会与投资者的良好沟通机制。

最后，坚持“严管重罚+高质量服务”的“双管齐下”。在监管事项上，将继续把严厉打击财务造假、资金占用、违规担保等违法违规行为作为监管重点；同时切实防范化解股票质押、债券等风险。与此同时，扎实做好服务工作，为上市公司高质量发展垫石铺路。会同各方，推动化解存量公司问题和风险，促进上市公司提质增效与科技自立自强，更好服务实体经济发展和国家战略，展现更大担当与作为。

《上财商学评论》：我们关注到，上交所正在加快推动科技化、数字化转型，通过数字化技术提高监管与服务效能。您能介绍一下上交所在技术建设以及科技监管方面的探索、成果和实践情况吗？

董国群：早在1990年，对比当时全球的证券交易所主要采取手势交易的情况，上交所从开业的第一笔交易就跨入了电子交易时代。凭借电子化、无纸化的交易基础设施，上交所有效支撑了中国资本市场的快速和高质量发展。

三十年间，上交所逐步打造形成功能完备、品种丰富的交易平台，为市场提供股票、基金、债券、期权、港股通、科创板等全方位交易服务，做到全链条、全版图支持多层次资本市场的业务创新；通过陆家嘴、外高桥、金桥数据中心多站点、多中心的部署策略，以及“7×24”的值守模式，支撑起全市场的安全稳定运行。同时，在加强数字赋能监管、促进科技与业务深度融合等方面也取得了积极成效。

尤其在科技监管方面，随着上交所大数据平台、新监察系统、公司画像、科技评价、舆情分析等多项监管科技产品的陆续上线运行，有力提升了一线监管效能，使得一线监管工作更趋精准、智能和高效，迈上了新台阶。例如，公司画像平台的上线，进一步强化了上市公司风险的智能化预警，着力实现“发现在早、防范在先、处置在小”，目前已向国资委、证监会及派出机构、沪市上市公司等700余个用户提供应用服务。

改革未竟，奋楫当前。在新的发展阶段，上交所将继续强化对数字化技术的运用，持续推动全行业数字化转型和信息技术应用创新，努力加强资本市场科技赋能能级，更好地服务实体经济和国家战略。

【专区】

上海×商学×董国群

《上财商学评论》：上交所成立当年，恰逢浦东开发。某种意义上，上交所有今天的成就，无疑是和上海的开放形成共振有关。在您看来，上海给予了上交所怎样的营养和支持？有很多人拿上交所和深交所对比，拿上海和深圳对比，那么您又如何看待这两个城市？

董国群：上交所的发展无疑是上海金融中心建设的重要部分，上海给了上交所很多配套支持和优秀的金融人才。如果拿上海和深圳比，我认为上海和深圳各具特点、各有特色，都处在改革开放的前沿阵地。2020年，是浦东改革开放30周年，也是深圳经济特区成立40周年，两地都举行了一系列庆祝活动，都制定了更具前瞻及开放性的政策措施，相信两地都会发展得越来越好。上交所和深交所也会在两地的改革开放氛围中越办越好，在资本市场助力实体

上海财经大学商学院常务副院长 魏航

上海证券交易所党委委员、副总经理 董国群

经济发展中发挥更重要的作用。

《上财商学评论》：2021 年上海政府工作报告提出，聚焦强化“四大功能”（全球资源配置、科技创新策源、高端产业引领和开放枢纽门户），加快推动经济高质量发展。对上交所来说，尤其是科创板的设立，将如何“反哺”这座城市，并为其添砖加瓦？

董国群：科创板的设立，助力上海国际金融中心建设及科技创新策源战略发展。自开板以来，科创板始终坚守“四个面向”定位，聚焦高新技术和战略性新兴产业，着力促进金融资本和创新资源的有机结合。截至目前，上海地区共有42家企业成功登陆科创板，融资金额超过720亿元。我们看到，随着科技、产业与资本循环互通格局的深化，上海已形成具有全球影响力的科创中心基本框架，逐步展现出地域集中、产业集群和资本集聚的强大合力。比如，张江作为上海科创中心建设的核心承载区，集聚了一批“中国芯”和“创新药”等硬科技企业，已有21家企业成功登陆科创板。

《上财商学评论》：上海也是百年商学的发源之地。在您看来，不论是金融家还是企业家，若想成功需要怎样的商业素养？

董国群：在我看来，若想成功必须具备的商业素养，首先是诚信，其次是创新。资本市场是最开放透明的市场，需要讲诚信。守信的公司和公司掌门人都发展得很好，失信和造假公司最终的下场都不是很好。另外，企业家要勇于推动生产组织创新、技术创新、市场创新，重视技术研发和围绕主业的持续投入。创新是引领发展的第一动力，企业家创新活动是推动高质量发展的关键。

《上财商学评论》：对已开创百年商学的上财，您有什么寄语和期盼？

董国群：衷心祝愿上财越办越好，紧跟时代步伐，紧贴社会现实，牢记初心使命，为社会输送更多的金融人才。商

我们要对经营银行保持敬畏

特邀嘉宾｜姜建清　中欧陆家嘴国际金融研究院院长、中国工商银行原董事长

专题嘉宾｜刘晓春　上海新金融研究院副院长、浙商银行原行长

采编｜编辑部

姜建清　　刘晓春

《世界金融百年沧桑记忆》，是中欧陆家嘴国际金融研究院院长、中国工商银行原董事长姜建清一本“无心插柳写成的金融历史书”，也是一本有趣的书。它没有正襟危坐，而是向大家娓娓道来百年来各银行发行的纪念币章。众所周知，全世界不少银行及金融机构都曾在自身的重要时期、为重大事件发行过纪念章。但岁月蹉跎、时光荏苒，这些古旧纪念章早已湮灭在茫茫世界中。为了写作需要，他曾费力地通过 ebay、淘宝搜寻、购买，好在互联网使世界变平了。

不过，所写的纪念币章显然只是个引子，姜建清想道出的却是金融百年变迁，以及金融演变发展的逻辑规律。在他看来，数百年来全球金融变幻的历史，深刻反映了全球政治格局、国家实力和经济地理等综合力量的变化。它像一面镜子，

折射出经济霸主和金融强权走马灯般的转换。此外，它也提醒世人，所有金融史都是一部风险史。

作为一位银行家，创作此书的过程，更让他体会银行成败之所在。正如他所说，世界上成功的银行各有各的成功故事，失败的银行却诉说的是相同的失败经历——政治、社会、经济危机殃及，政府融资干预，信贷过度增长，经营理念扭曲，国外盲目扩张，风险内控失灵等。由于银行体系本身所具脆弱性，几乎所有的失败者都折戟于风险。因而把住风险是优秀银行家的底线，稳健经营是打造百年老店的不二法门。银行家俱乐部不欣赏百米短跑选手，尊重的是马拉松冠军。在阅读及写作过程中，越加对经营银行感到敬畏。

《世界金融百年沧桑记忆》与中国银行业改革的几十年

刘晓春：您用 8 年时间写了《世界金融百年沧桑记忆》一套三大本书，我的理解，您并不是做一般历史学家的历史研究，更不是考据，您是用银行家视角来看这段记忆，有您想要表达的感悟。或者说，您并不是以一个旁观者的眼光来看待这百年沧桑的。一方面，您在书中的叙述，是一条历史线索；另一方面，您经历了我国改革开放 40 年银行业的历史，又是一条历史线索，这两条历史线索的共性与各自的特点您认为是怎样的？它们对当下银行业乃至金融业的发展有什么意义？

姜建清：中国历史上说“以史为鉴，可以知兴替”，丘吉尔也说过“你能看到多远的过去，就能看到多远的未来”。这么多年来，我从事金融的实务的同时，对金融的理论、历史也非常感兴趣。这些年我除了写那三本书外，也与他人合著出版了《近代中国外商银行史》《非洲金融明珠——标准银行集团史》《中国大型商业银行股改史》《近代中国银行业机构人名大辞典》等。我想还会沿着这个方向去总结历史经验，作为人们在工作中的参考，也是我们这一代银行家应尽的义务吧。

《世界金融百年沧桑记忆》

百年金融沧桑的“百年”有复数概念，并不仅仅是近代以来的一百年，实际上历史长度更遥远。我在每篇文章都写有评论。所有金融史都是一部风险史，成功的银行各有各的成功故事，失败的银行却体现出相似的失败经历，都是由政治、社会、经济危机的殃及，过度的信贷投放，发展理念扭曲，盲目扩张，内控失灵等原因造成的。

刘晓春：作为银行业，它的基本规律还是在那里的。

姜建清：中国金融有其特殊性，其原因概括起来基本相似。如有公司治理、经营管理、银行风险内控失灵、地方政府过分干预等问题，去掉一些特殊的客观情况，其原因基本相同。

刘晓春：这样看历史不仅是看过去，而且对于当下是非常有意义的。

姜建清：对。我希望看了这本书的人，多少会有一点点的启示，能够对理解金融业发展的规律与风险有所启示。

刘晓春：对于您讲到对金融风险认识的启示，我有时候也在想，大家怎么来认识银行风险和银行机构？怎么来认识和定位这样一个商业机构？可能是因为从战争年代到计划经济，在这样的体制下大家习惯把机构当作被某一个部门或条线管理的单位。就像讲到农口，但凡涉农的都归农口管，类似的，工商归工商口管，财贸归财贸口管，有点像说这是我的地盘”，导致有的政府部门认为银行是他们的一个机构，而不是市场的一个商业参与者。这就带来一个问题：政府干预会更多、要求也更多。

姜建清：这是由种种原因造成的，对这些看法的认识终究会改变。

刘晓春：从我们国家来讲，这个认识能不能转变得更快一点？

姜建清：我们国家在 20 世纪 90 年代之前，国有银行是在计划体制下运行，造成不良贷款高企，甚至有人说中国的银行技术已经破产。事实上，认识的改变是需要时间的，正如中国的商业银行股份制改革同样经历过思想解放的过程。

80 年代根本不敢提也不会提银行股份制的问题；90 年代国有企业开始突破，所谓“靓女先嫁”，有一部分企业分拆上市取得了很大的成功。但是，90 年代还是不敢提国有商业银行股份制改革的问题。到了 2000 年以后，这个问题才被拿出来，由此认识到建立现代企业制度、完善治理结构的重要性。这个问题提出以后，资金来源如何解决又成了一个问题。最后，中央银行提出用外汇储备的方法，运用国家资产负债表和中央银行资产负债表妥善地解决了这个问题。当时是背水一战，破釜沉舟。这个改革确实是非常难。

虽然大家现在看到的是成功了，但是万一风险控制不好，砸下去就完了，改革就失败了。我们从事的改革没有前行者，是“摸着石头过河”，只有经历了改革才知道有多少困难和风险。事非经过不知难，通过实践才能对事物有比较清晰的认识。

中欧陆家嘴国际金融研究院院长、中国工商银行原董事长 姜建清

刘晓春：这是很有启发的回顾。通过总结历史，银行一定会走向按商业的原则去办事，成为一个真正的商业机构。虽然现在整个社会都很着急，但是，认识到和做到不是一下子能实现的。十八届三中全会决议中提到，让市场在资源配置中起决定性作用，实际上还需要一个比较长的过程。正如您刚才讲的，我们已走的改革过程并不是一帆风顺的，既要认识到位，又要有各种机缘或者外力来促使实现这“惊险的一跳”。

姜建清：最终是会实现的，只是发展的过程肯定有起伏、有周折。

刘晓春：甚至要走一点回头路。

姜建清：我相信改革会是一个持续推进的过程。

刘晓春：80年代我在农行工作，我们怎么为个体户放贷款？可不可以放贷？个体户算不算剥削？这些都要到马列原著中去找依据。实际上，它不仅是一个认识的问题，而是从这个认识到那个认识的转换问题。新的认识怎么让社会温和地接受，也是改革的过程。

姜建清：改革需要理论推进，理论需要实践检验，就是这样一种周而复始的过程。

监管、科技与金融创新

刘晓春：从我的经历体会来讲，我们实际上一直在监管与创新之间来回拉扯着改革前进。

姜建清：监管落后于金融科技实践是正常的，但是尽可能不要落后过多。像P2P从几千家到现在的17家，造成未偿付的余额还有9 000亿元，这就对老百姓造成了比较大的损失。中国的监管机构非常努力，发现有倾向性的“苗子”就采取措施，包括最近叫停蚂蚁集团上市的措施，我觉得这些都是非常正确的。希望今后不仅要敏锐地发现这些情况，而且尽可能紧紧跟上实践，不要距离过大。

刘晓春：对，还是要赶上实践，不能说承认自己是慢的就算了。您也讲到次贷危机的问题，我的感觉就是好多学者比较关注美国的创新，包括产品的创新、业务的创新，还有政策的创新（如美国现在的货币制度怎么样），但是对其本质的研究比较少，只是在看它的形式。我认为，我们前两年的一些产品就没有吸取次贷危机的教训，所谓金融空转，不断地加杠杆，不断地优先劣后，就和CDS配资差不多。如果ABS也是这样发的话，我觉得还会有放大杠杆的问题。产品结构怎么样、模式怎么样是一方面，根本上还是一个杠杆问题。

姜建清：在监管的过程中要能够紧紧地跟上现实，可能是比较难的一件事情。但是通过我们的努力，我想还是能够做得到的。

中国金融的很多方面是学习美国或者其他国家的一些经验，其中有好的也有不好的。中国现在的金融规模已经很大了，像银行体系已经超过整个美国的银行体系，而且我们有自己的国情，因而在走自己道路的时候确实面临着没有模仿对象的问题。在这种时候，甚至在全世界都不曾面对过同样情况的时候，我们推出一些创新确实要非常小心。有些当事人可能是出于自信，对自己的发展预期较好，但是从监管者角度来看，应该充分考虑过高的杠杆将带来的后果。

上海新金融研究院副院长、浙商银行原行长 刘晓春

刘晓春：您总结了金融百年沧桑，实际上是看到很难将风险控制寄托于某一个商业机构或某一个人，因为最后市场是控制不住的。由于市场的原因，不仅控制不了自己，更不要说控制整个市场。就像您刚刚总结的次贷危机，因为收益高，大家经不起诱惑都进去了，之后整个市场都往这个方向走了，这不是原来创新的人能够控制的，而是会造成一个所谓的系统性风险。

姜建清：监管者不能相信美好的愿望，或是很短暂的一些数据支持得来的自信。从百年历史来看，还是应该坚持商业银行的基本原则。

刘晓春：刚刚讲到的个体户贷款，也是在原有的监管与创新之间往前走，现在又多了一个科技问题。经过十多年的发展，我们回过头来看或者再过几年回过头来看，可能互联网金融只是历史上，甚至只是我们国家金融历史上的一个小小的插曲。您是怎么看待这个问题的？

姜建清：这个问题要分几个方面来说。首先是巴塞尔协议。做好风险管理，巴塞尔协议是一个非常重要的依据。它在金融风险冲击下诞生，经历了几十年甚至上百年，有千千万万金融机构的血的教训，有成千上万的金融机构破产、兼并、重组。巴塞尔协议在这个背景下出台，它是血的教训的产物，不能把它贬为“老人俱乐部的产品”。巴塞尔协议也有不尽如人意的地方，毕竟它依靠的是现有的金融机构，关注资本、流动性等，虽然它也是不得已而为之。通过资本能够增加老百姓的信任，能够说明实力，而且在出现风险的时候可以作为拨备弥补损失。当前，有机构在这方面做得比较好，这是很好的事情，但是还没有经过历史的检验和经济周期的考验。

刘晓春：我觉得您讲的是非常本质的东西。实际上，银行或者是所有公共性的机构，哪怕是商业机构，自己做得好是一方面，对社会形成的作用是另一方面，是良性作用还是危害性作用是要区分开的。巴塞尔协议是几百年来对千千万万的银行业或者金融业血的教训的总结。它总结的指标或规律，如果按照现在的技术术语来讲，就是从大数据中得出的规律，是银行业经营的风险规律。如果用这样的方式来控制，能够保持经营的相对稳定，不能说绝对没有风险，至少目前是有用的。它和机构新不新，年轻不年轻没有关系，《世界金融百年沧桑记忆》中的许多机构在当时都是新机构，现在大多已经灰飞烟灭；而有些现在是老机构了，还健康地活着。

姜建清：书中讲了不少案例。例如，美国大陆银行在相当长的一段时间里，被评级机构非常推崇，被评为“3A”机构，是“最优秀的银行”，他们对自己的商业模式非常自信，但也没能逃脱破产的命运。

刘晓春：这也是巴塞尔协议本身的底线，或者说它最根本的目的就是银行作为一个特殊的金融机构要保证老百姓的财富基本不受损失。

姜建清：美国次贷危机也说明了这个问题。次贷原来是国家金融机构发放的贷款，后来变成商业性的金融债券，在社会上一圈一圈转，最终酿成这么大的危机。当时，美国国债收益是一点几，但是次贷要七点几，到了年底评估时，一直买美国国债的金融机构撑不住了，就既买一些美国国债，也买一些优质债和次贷，组合一下，就比单纯买美国国债的收益高了两三倍。到第二年年底一比较，发现买美国次贷的金融机构赚得更多，之后金融机构的立场都改变了，全社会也是一片说好，说美国次贷非常安全。最后，没想到系统风险一下子砸下来，许多金融机构遭受了灭顶之灾，颗粒无收。历史的经验值得重视，金融机构要有底线，要有自己立身之本的东西。

讲到创新，实际上中国的金融机构是在不断地创新、发展和完善。银行业是会变化的，但是银行业的功能不会改变。从商业银行来看，它的功能一个是支付结算，一个是资产转化，一个是风险控制，还有一个是信息处理。从一开始金融机构的业务就是存款、贷款，发展到现在几十项业务，如果把中间业务拉出来甚至可以有几百项产品。金融创新不是一个新名词，现在竞争比较激烈的是支付结算。2019 年，第三方支付笔数占 98.4%，支付金额占 8.75%；银行业支付笔数占 1.6%，支付金额占 91.25%。这说明在支付结算这个领域，从笔数来看，已经以第三方支付为主；但从金额看，企业的大额支付还是以银行业为主。在资产转化和风险管理领域，基本还是银行业占绝对的主导地位。资

产转化和风险管理是银行的核心，是银行用多年积累的人才、系统和制度才建立起来的，银行业要把这些功能完善好才能发展壮大。数据处理对于做好一些工作是非常重要的。现在银行业一方面掌握了大量的数据，另一方面在整合运用中存在不少问题，如对非结构化数据、动态数据的掌握不够。此外，中国对数据隐私方面的立法也做得不够，一笔小小的交易就用刷脸支付，这实际上很不好，一旦失窃，生物数据是不可更改的。老百姓的数据管理存在问题，但更关键的是对使用生物数据没有立法，缺乏对它可能造成个人风险的提示。再有就是数据共享的问题，有些公共数据要共享，于是千方百计收集了很多数据而后又封闭起来，这就不太好。未来，数据肯定是一项资产，它的竞争可以争夺，但要有明确的法律、法规。

另外，100 年前全球二十大银行中现在还存在的只有 5 家，75% 都不存在了。金融业的创新在加速，银行机构可以改变，一个商业银行如果不努力，即便发展了多年，也可能破产或被兼并。

刘晓春：您看问题非常超前，从历史看未来。技术已经发展到这个程度，未来数据可能产生用途，法律能不能走在前面。

《巴塞尔协议》引来的监管问题是一个非常本质的问题。都说监管总是跟在市场后面或是跟在创新后面，我觉得事实的确如此，监管就是跟上来的。但不能反过来说，因为监管总是落在后面，所以创新可以不监管。数据监管也一样，恰恰是要赶快跟上来，而不是承认落后干脆不监管。

再说创新，实际上和次贷危机的道理是一样的。不能因为是创新就认为是对的，也可能创新本身就是错的，所以监管要跟上来。我觉得从这 10 年互联网金融的教训里也应该要看到这个问题。当然，创新是发展的前提，但不能简单化地看创新。

银行要把握好自己根本的业务。比如支付，可能社会上对支付的理解简单了，认为就是个人消费，实际上支付还有更复杂、更内在的内涵，它是为整个社会经济运行起到润滑剂作用的。

所谓个人支付，我认为是因为有了互联网技术而产生的支付，并不是原先银行在做的支付。比如，以前人们提取储蓄存款去消费，用于理发、吃饭、看电影等，这些支付本身就发生在银行之外。所以，生活技术的发展、生活方式的改变，形成了新的支付方式，以及可以统计的新的支付量。出现这些新的业态，银行是不是也要进入这个领域？或者说独占这个领域？我觉得这是一个市场演化的过程和结果。

姜建清：银行业的支付，可能产生的变化是未来银联和网联的支付与几家互联网支付巨头的竞争。无论是近场支付还是远程支付，如果做得非常妥切的话，我想可能会打破现有的支付格局。

刘晓春：实际上支付结算都是银行在做。

姜建清：支付背后是银行账户，互联网支付是在银行账户之前与消费者建立了联系。

刘晓春：技术确实改变了很多，但是底层的业务逻辑本身没有变。互联网支付可能只是一段小插曲。郁金香危机也是世界金融史上的一个小插曲，但给整个金融史留下了深深的痛，那么，我们这段小插曲将对历史留下什么？

姜建清：银行业百年金融告诉我们一个道理，做银行一定要谨慎小心，注重风险。做商业银行就是跑马拉松，可不是希望在一百米、一千米，或是一万米的时候就听到掌声响起来，跑马拉松还是要默默地跑完全程，才能是确定的胜利者。

刘晓春：这是非常精确的一种解读。

不同阶段银行管理的体会

刘晓春：大家都很关注您的经历。从管理的角度来讲，不同的历史阶段、不同层级的管理有些什么不同，您应该有不少总结吧。

姜建清：银行管理是因时而变的，在不同的时期，管理的重点是不同的。比如，在20世纪90年代末到2000年初，主要任务是把新增的贷款质量管好，把不良贷款处理掉，把历史包袱消化掉，把银行的资产负债表做实，把资本补充好，然后财务重组、改制上市。那时候，面对的是这样一项艰巨的工作。

改制上市以后，主要任务是建立公司治理机制，打造完善的风险内控机制，使银行稳定运行，经济效益和资产质量良好，这样，银行在资本市场就能获得比较好的估值。每个历史阶段面临的矛盾不一样，工作重点也不一样。而现在，要求又不一样了，要支持小微企业，要支持普惠金融等。但是，银行的基本管理要点，无论大银行、小银行都是差不多的。

刘晓春：大家更关注您经历的一些比较精彩的故事，您对人的管理有哪些好的经验？

姜建清：我们如果还能为历史留下一点东西的话，那就是把自己的一些总结分享给大家。

任何单位都有一个人才的问题，如何人尽其才是很大的挑战。作为金融机构要用好人、管好人，充分调动积极性，让每个人能够自己发挥作用，是管理者要花很大的力气去做的一件事情。作为董事长应该抓好三件事情：一是管战略，二是看风险，三是用人才。

刘晓春：您接下来有什么规划？

姜建清：我正在写一本书——《16次金融购并》，书中就是讲我自己经历的那些金融并购。

刘晓春：我印象比较深的是，中国工商银行把南非标准银行并购了。

姜建清：对。

刘晓春：当时您是因为对南非标准银行已经有了深入的了解，还是并购以后才了解？

姜建清：在并购前，我们就非常深入地对它进行了了解。作为非洲最大的银行，我们虽然与之接触的时间不算太长，但是对它的了解是非常充分的。银行并购以后，总的来看非常不错。

刘晓春：我原来在农业银行一直从事国际业务，特别是境外机构这一块，也曾经考虑过收购，但没有真正地规划，只是想怎么走向国际去设分支机构。可能各家银行开始走出去的时候，基本上都是这么想的。

1997 年亚洲金融危机以后，农业银行也曾有过收购的想法，让我去东南亚考察。我去看了以后就觉得它有一系列问题，对于能不能应对当地的文化、员工，以及当地的法律，都没有进一步研究。

2000 年以后，您开始策划中国工商银行的新国际化战略，采取了这样一个方式，走出了一条新的路子，您当时是怎么想的？

姜建清：并购和自然延伸去设机构，是一个商业银行在海外走的不同的道路。自然延伸，相对来说投资比较少、比较稳妥，但是发展比较缓慢，并且由于本土化程度不够，在拓展当地市场的过程中很难深入本土。而并购的优缺点正好相反，它能够迅速地占领市场、能够本土化、有本土的员工和市场，但缺点是存在众多的风险。并购是一个战场，稍有不慎就有可能造成重大的损失。我们非常幸运，16 次并购全部成功，其间，也先后否定了数十次并购。所以每个案例各不相同，我的新书会详细讲解每个案例的情况。我们曾经做过统计，在海外 70% 的利润来自并购的机构，当然也包括并购机构之后的发展。中国工商银行香港分行现在已经有 1 万亿元资产、上百亿元利润，它就是经历了三次并购。

刘晓春：您在确定战略后并不急着去实现。有些机构为了实现并购，可能逮到一个机会就想办法先做了再说，这容易犯错误。

姜建清：我们绝不为了收购而收购。有的地方我们走自然延伸的道路，有的地方是并购。

刘晓春：文化融合怎么解决?

姜建清：大的机构收购小的机构，是绝对控股型，文化融合比较容易。但我们注意尊重本土的管理者和员工，调动他们的积极性去开拓市场。另外，在收购兼并以后，就给机构安装我们统一的海外系统，所有机构的每一笔业务跟总行必须趋同。这必须是标准化的，有利于文化协同、业务协同。对于部分控股的机构，像南非标准银行，我们有副董事长、董事派驻，有一支管理团队在那里，非常多的日常业务联系主要由他们经营，我们是配合，有重大的问题商量着办。

刘晓春：这是很不容易的，有16个。

姜建清：考虑到一些不确定的风险，我们也放弃了一些机会。我觉得这也是值得的，因为要争取所有的利益相关者，监管机构、政府、媒体、股东、投资者对你的高度支持。要有下一次的支持，就必须每一次都做好。

刘晓春：在于最终的选择。

姜建清：一个是选择，还有一个是运作。机构收购过来以后，后续的运作管理非常重要。

刘晓春：当时我们最担心的是收购来以后怎么融合，另一个关键问题是派什么人过去。

姜建清：中国工商银行从2000年之后就持续重视国际化人才的培养。我们经常送人到国外培训，国内、国际业务条线的人员也经常到国外机构实习，经过一年或两年学习后再回来，长此以往国际化人才库有3 000多人。例如，收购阿根廷标准银行，我们一下子派了15个人过去，副董事长、总经理都用当地的，我们在每个部门担任副总经理，实行业务双签，一个3 000多人的银行管理得井井有条。正是由于多年重视培养国际化人才，才能够迅速适应。

刘晓春：有些外派人员英语很好，但是思维方式、行为方式比较固化，管理上也容易把自己的一套带过去，人家可能会感觉不好。

姜建清：这需要一个实践过程，多派去几次或者筹建几次，慢慢地就适应了。

刘晓春：中国工商银行形成了一个人才库，不断循环地往外派人才。

姜建清：全球化包括很多方面。随着客户的全球化，对业务的全球化要求也高了，不是那么容易的。业务线要出去，产品线要出去，管理要全球化，人才要全球化，每一件做起来都非常不容易，要不断去完善，最后达到全球化的目的。

刘晓春：我的体会也是这样。

姜建清：数据库都在总行，报表是总行自己编还是下属机构编，我们是有比例控制的，遏制懒惰，总行自己也要做。

刘晓春：有些机构总部要求海外机构报送数据文件理所当然，而境外的分支机构、人员基本是"一个萝卜一个坑"，为了总行要一个文件或是报表，往往应付不过来的。您能看到这个问题，要求总行改变做法，很难得。

姜建清：总行要尽量为下属机构分担，不要去增加他们的负担。当时，全行营业所负责授权储蓄方面的人员大概有3万人。一个7人所起码要配2个授权的人员，忙的时候2个人都忙不过来，而闲的时候1个人都没事可做。后来，我们就研究远程授权，先安排试点研究速度快慢，后来速度也跟上，试点很成功。我提议小所先推，推了以后发现效果非常好，后来全行推行远程授权后，授权中心只要设几千个人员就解决问题了。

陆家嘴金融中心

事后监督，原来用了2万～3万人。事后监督是查凭证的书写是否规范、盖章是否规范。那事后监督抓到过犯罪案件吗？其实一个也没有。我们就大胆取消，运用了100多个模型，用大数据来排查风险。

刘晓春：这也是创新。用技术实际上也是用制度，用大数据的目的是要研究其相关性。管理还是非常有意思的。

姜建清：管理集约化有一个案例，1999年保卫部一个文件要求买微型冲锋枪，我说先暂时不批，把全行的守护人员、枪支和金库的数量，以及金库分布情况等数据报上来再说。一周后，我收到统计数据，根据数据批了10个字：减库、减人、减枪、管少、管好。后来，通过这件事把押运慢慢转给代理，人员全部转到了业务岗位。很多这种具体的事情，都是看准了就做。

刘晓春：这些案例非常生动，对许多在基层做行长的都会有启发。

姜建清：每天都看看哪些工作可以改进，小的事情看准就改，大的事情一年改进几件，日积月累，管理就改进了，银行也在不断进步。

海派文化与海派金融管理

刘晓春：很巧，我们俩都是上海人，说起海派文化或者海派管理，您是怎么理解的？

姜建清：上海形成海派文化或者海派管理是有历史原因的。上海开埠最早，当时还有租界这样的特殊环境，又是文化历史经济重镇，很多优秀人才集聚于此，慢慢地就形成了所谓的海派文化。上海在很长一段时间里都维系着这样的地位，随着改革开放有点弱化，直到浦东开发又再次兴起。所以，上海市民具有比较精细、讲究核算、重信誉、讲规则等普遍的特征。在这种基础上，上海的金融机构管理得比较好，质量和效益也比较好。

上海老百姓的这些特征，在改革开放以后，全国渐渐受到一种对海派文化的冲击。从全国来看，上海金融业出的人才并不多，需要上海在改革开放中更大胆些，要继承和发挥海派文化的管理优势。上海的创新企业相对比较少，也不是那么活跃，因而在这方面还需要继续努力。

刘晓春：您分析了海派文化的两面性。我回忆起上海 20 世纪七八十年代的生活，觉得上海和香港差不多，包括生活方式、生活理念、行为方式等。很多外资愿意到上海来，包括有一段时间都从广东迁到上海或长三角，就是觉得这里的政府和老百姓讲规则，到这里办事情会更符合预期。

也有人说，上海人是一种打工文化，从骨子里不愿意冒风险。我觉得，上海有一种所谓西方的现代观念，这是和全国其他地方非常明显的差别。上海受计划经济的影响也最深。政府怎么在讲规则、讲法治的基础上更好地放活市场，非常重要。

姜建清：你分析了海派文化存在的一些弊病。我觉得，文化的形成是一个历史的过程。打工不是不好，创业也很好，但是创业有相当大的风险，要权衡。我觉得关键的区别是上海在新的历史时期，金融如何能够发展？上海国际金融中心如何建立？新的海派文化如何建立？

刘晓春：这是一个很大的问题。

姜建清：过去上海的教育比较好，现在全国都不错；金融也是同样道理。这个时候再谈金融的海派文化，需要思考上海的金融如何在新时期发展壮大，能够形成一种新时代的金融的海派文化，这是需要努力的。

刘晓春：不能陶醉或是自我满足于海派文化，应该创造新的海派文化。

展望银行业的未来

刘晓春：大家对金融科技寄予很多希望，您觉得未来的银行会是什么样？

姜建清：线上的比例一定会越来越高。金融机构不仅是一个场所，还是一种服务。华尔街有一幅画：机器人趾高气扬地走过，人类坐在地上在乞讨，这说明了科技时代对人类的威胁。大数据、人工智能、云计算、区块链的发展，会极大地改变金融机构的业务现状，在线业务的比例会越来越高，人们可能很多年都不会去银行一次，所以去机构、去人工、轻资产是未来必然的新趋势。

刘晓春：我有时候在想，银行和房地产企业所讲的重资产、轻资产应该是不一样的。银行的重资产可能是讲《巴塞尔协议》要求的这种风险提取，您刚刚讲到了银行的根本是作为一个支撑，围绕这个支撑可能会做更多轻资产的业务。

个人越来越少去银行，包括小微企业都是在网上处理业务，这就可能带来两个变化：一是银行的网点布局要改，二是内部的人员结构要调整。可能今后对银行工作人员的要求反而更高。比如，原来手工条件下的柜台业务，对人员技能的要求很高，要点钞快、要会鉴别真假币、要会捆扎钞币，还要会会计分录、会计算利息；现在有了计算机以后，柜台人员只要知道几个业务按键就可以工作，这对人员技能的要求是降低了。但是，现在的无人网点并没有太大意义，因为无人网点的业务客户在手机上也可以办理，倘若客户来网点，那一定是需要找人解决问题的，这就对人员的要求比原来高得多。

再比如会计，以前会计处处长只要懂大的方面就可以，具体的事由科长、科员去做；但是今后这个处长要懂得更多了，包括数据技术等，不然出现问题要他解决，他都不知道问题出在哪里。今后对人才的要求可能完全不一样了。

姜建清：去机构是必然的趋势，再过 10 ～ 15 年这一趋势会比较明显。现在去网点办理业务的人越来越少，主要是些年龄比较大的人、不擅长数字技术的人，还有是银行自己的一部分业务，本来可以网上办理但还没有开展的。待这三方面的情况逐步改善后，一般的银行网点会减少，这是一个过程。

去人工比较好理解，柜台和一线要逐步改变。除了信贷员、现场调查人员等外勤之外，前台会比较薄，但是中台会比较厚，中台的大量业务会工厂化，还要集中人员从事后台的工作。到最后，在银行工作的就两种人：懂技术的业务人员和懂业务的技术人员。将来也需要网点，那可能就是业务集中的、比较大型的网点，有私人银行服务或者理财服务的人员，不同区域的专家也可以服务大多数人。

轻资产是一个过程。坦率来说，中国的几大银行已经世界名列前茅，从占资产量来说是大银行。再过 10 年或更长时间，可能世界前十大银行都是中国的，这样下去可不行。所以，一定要走轻资产的路，这和直接融资与间接融资的比例调整有关。商业银行走轻资产的道路，并不是资产不要了、业务不做了，而是要大量地为企业服务，从事金融中介的工作量要大大增加。大量的企业资产从贷款逐步走到债券市场，走到资本市场。企业的临时性或项目资金需求才会向银行贷款。中国的金融改革应该往这个方向走。商

03

行业访谈

大国重器，振兴中华

访谈嘉宾｜管彤贤　上海振华重工公司创始人、原总裁

“复兴”豫园，只为人民美好生活的向往

访谈嘉宾｜黄震　豫园股份董事长兼总裁

花甲再创业，只为不再“芯”痛

访谈嘉宾｜尹志尧　中微公司创始人、董事长

大国重器，振兴中华

访谈嘉宾｜管彤贤 上海振华重工公司创始人、原总裁

统编｜编辑部 采写｜李卓政 虞梁 王千马

管彤贤

立志成为“港口机械、大型钢构、海上重工领域的世界领先企业”的振华的诞生，其实就是一部传奇的创业史。

1992 年，管彤贤成立了振华港机，也就是今天振华重工的前身。这一年，出生于 1933 年的管彤贤已年近一甲子。但是，他的胸膛里依旧跳动着一颗火热的创业之心，而且时不我待。

没有改革开放，就没有振华

直到今天，管彤贤都对改革开放心怀感恩。如果没有改革开放，也许很难有机会认识到与世界的差距，也很难打开人们头脑中紧锁的大门，进而冲破思想的禁区。也正是改革开放打开了中国外贸的发展空间。2001 年加入世界贸易组织让“中国制造”更广泛、更深入地参与国际市场竞争。随着外贸交易的数量和频率的加大，码头和集装箱成了生意的“标配”，以前很难找到市场的重型港口机械设备有了生存的机遇，成了抢手货。

港口机械是资金密集、技术密集、劳动力密集的产业，中国虽然在这方面相对落伍，但也有竞争优势。

此外，改革开放对管彤贤的意义还在于让他回到了大平台。正是在中港总公司船机处处长等岗位上，让他有机会熟悉国内和国际的港口机械制造企业及产品，知晓它们的发展动向。“我们赶上了需要大机械的时候，看准这个机遇，就要赶紧挤出去。”管彤贤如是说。

尽管年岁不饶人又临退休关口，管彤贤还是请求组织把自己调到上海，创办一家新企业。改革开放后，整个社会都充满着全新的气息：大家都在集中精力学文化、讲科技，努力提升生产力，没有人在乎年龄了，也没有人说“您该退休了”。

管彤贤的请求不仅得到了组织的批准，而且还得到了中国港湾集团公司（其与中国路桥集团公司合并成为中国交通建设集团有限公司，简称中交集团），以及上海港机厂的支持。前者拿出了 50 万美元，后者以一块地作价 50 万美元，并拨出十数名职工交给管彤贤。1992 年，上海振华港口机械制造厂（Shanghai Zhenhua Port Machinery Company Limited，ZPMC）在黄浦江畔树起了自己的大旗。

在振华港机成立之初，管彤贤就立下一个誓言：世界上凡是有集装箱作业的重要港口，都应该有中国生产的集装箱机械。

《上财商学评论》：管总的经历很励志，当初是什么给了您信心和勇气？

管彤贤：人的有效青春期很短。如果说，人生的前几十年由不得我，那么，能自我做主的时间更得抓住。但是，我能走到今天，应该感谢改革开放。没有改革开放，就没有我的现在。

《上财商学评论》：你怎么会想到以港口机械设备来创业的？

管彤贤：1992 年，上海集装箱的吞吐量只有 40 万箱，和鹿特丹、新加坡有较大差距。当时，人们不知道什么是集装箱，有集装箱吞吐的港口就三个地方——上海、天津和广州。

改革开放让民营经济和外贸开始吃香。重工业一开始很难走国内市场，幸运的是，它跟外贸有关联。邓小平同志南方谈话后，我国长三角、珠三角、环渤海及其他地区纷纷建立以对外贸易为主的功能区域。但是，中国要做外贸，就必须推动集装箱出口，有集装箱就必须要有装卸的工具，这让振华看到了机遇。事实也证明，振华的选择是对的，到了今天，中国沿海到处是港口，上海的集装箱的吞吐量为 4 000 万箱，是 1992 年的 100 多倍。

《上财商学评论》：对振华来说，中国加入 WTO 是一个很重要的机遇吧？

管彤贤：WTO 让全球市场变得更透明，更有准则。我们加入 WTO，就意味着以前那些包括关税及非关税壁垒正逐步减少。当中国企业有更多机会发展对外贸易、参与国际市场竞争，振华的机遇就更多了。

手握“利器”，方能立足

外贸的发展，以及经济全球化，让管彤贤看到了振华发展的无数可能。不仅可以服务国内的外贸出口，还可以抓住全球经济蓬勃发展的机遇加入全球交通和港口行业的大合唱。

让人意想不到的是，在诞生的 1992 年，振华就迫不及待地把自己的第一份竞标书递给了加拿大的温哥华港。但在管彤贤看来，这是振华迈出的最关键的一步。一方面，国际市场可以让振华有条件“吃得饱”；另一方面，国际市场可以为振华的实力背书：能在国际市场站稳脚跟，也一定会帮助振华拓展国内市场。

然而话又说回来，振华毕竟是初生牛犊，不仅名声和实力暂缺，而且面对很多强大的竞争对手。全球经济的急速发展和世界流通的加速，尤其是超巴拿马型集装

①泛指船舶尺度（主要是船宽）超过巴拿马运河允许船舶通航的最大尺度，即船宽 32.2 米的大型集装箱船。超巴拿马型集装箱船的出现反映了世界集装箱船舶日益趋向大型化。

箱船[①]的不断投入使用，让很多国际大企业开始盯上大型港口机械设备这块“唐僧肉”，来应对港口和船舶更新换代所带来的需求。

在这些国际大企业中，有德国的克虏伯、MAN，美国的帕山科，英国的莫里斯，比利时的马尼托瓦克，日本的三菱、三井、住友、石川岛，韩国的三星、现代和斗山……它们不仅历史久，而且更强大。这对振华来说，既是榜样，也是威胁。但正是与它们一起群雄逐鹿，更反衬出管彤贤创办振华的重要价值，那就是一旦错过了这一宝贵的空窗期，再想有所作为时便毫无办法对抗那些巨头了。

但即使主动出击了，又凭什么在竞争中能赢得青睐？创办不久，没有显赫的业绩，只有十多个人与 100 万美元资金，还来自一个港口机械主要依靠进口的国家，振华怎样才能在列强的围剿中杀出一条血路，进而打开在国际上生存的局面？

事实无疑让人大跌眼镜：振华不仅成功地赢得了加拿大温哥华港的“芳心”，接着还进军美国，并杀入了世界起重机发源地——德国……

这无疑和中国制造进入世界的价格优势有关，毕竟克虏伯等公司不可能拥有振华港机低廉劳动力的优势，更重要是，这凸显了振华不成功便成仁的壮志，以及中国人在面对市场竞争时的智慧。

大型港口机械设备

《上财商学评论》：我们很好奇，为什么振华一开始想到的是进军加拿大？

管彤贤：其实别人建议我们先去的地方是新加坡。新加坡扼守马六甲海峡，是世界上的一个重要航运枢纽。但是考虑到新加坡与上海等港口的竞争关系，我们没有一开始就选择新加坡。

《上财商学评论》：你们是一家刚创立不久的企业，凭什么让世界认可？

管彤贤：振华的出现是顺应天时，正好赶上了交通和港口行业大发展的风口，而且我们有诚意，也有足够的工匠精神。集装箱机械属于耐用工业品，一用就是几十年，它的第一要求就是质量可靠。

例如，我们的第一份海外订单，振华前后投入了巨大精力、花费了巨大的代价，就像制作一件工艺品一样精细化制造这“第一单”港口机械。而且对这一单，我们也不要求它能带来多少利润，更希望的是它能向世界证明我们为人处事的态度，告诉世界，我们有能力从0到1，也能从1到N。让人欣慰的是，“第一单”还没完工，温哥华港又追加了“第二单”。

很快，我们选择温哥华作为出海“首站”的好处就显现出来。温哥华港离美国近，如果真的能做出一些成绩，很快就会被美国知晓。没多久，美国迈阿密港就派人到温哥华港“一探究竟”，就和振华签订了合同，一次性采购4台巴拿马型岸桥。1998年，美国又发起了6次港口机械国际招标，振华中了5次。

加拿大和美国并没有因为是一家不知名的企业就将其拒之门外，这让我们感慨国际市场的相对公平，只要产品好就会有人要。我还注意到国际客户的一个特点：想进军它们的市场、打破它们的传统或习惯并不容易，但是如果和它们有了第一次合作，而且产品用下来没有大问题，那么第二次它们还是会与你合作……所以，振华一开始选择向外发展是对的，它可以在相对公平的环境下参与竞争并得以锤炼。

除了在对待产品的态度上认真负责外，振华要想真正立足、拓展自己的版图，还需要有其他的本领。

《上财商学评论》：在查阅振华相关资料时，我们发现了振华不仅在重型港口设备上做出了成绩，还拥有一支属于自己的船队。

管彤贤：之所以要有属于自己的船队，主要是为了“快”。所谓“剑走偏锋”，意思就是从正面竞争可能打不赢，但可以出奇制胜。我们有几手功夫是外界没想到的，第一手就是“快”。

为什么要快，是为了保证交货计划准时、准确。港口每天要迎接无数船舶和集装箱，如果装卸机械不能按时交货，让人怎么开门迎客？所以，如果我们能抢先一步，那么就会有更多的机会让我们选择。

一开始，我们依靠运输伙伴。但好的伙伴可遇不可求。此前，我们合作进行集装箱起重机整机运输的企业唯有荷兰 Dockwise 公司一家。当一个业务没有其他选择时，对方就有可能坐地起价，还有其他苛刻的条件。当我们运第一台岸桥到温哥华时，就被要价 90 万美元，到了运第二台岸桥时已经涨到了 130 万美元，而且要求在整机到达后马上交付，否则就要罚款。让人哭笑不得的是，它们并不保证按时到货。

正是这种被卡脖子的经历，让我们意识到只有自力更生才能丰衣足食，才能不为别人打工，更重要的是才能准时交货。只有准时交货，振华才有发展的前景。振华力排众议，花了 200 万美元买进一条装煤炭的旧船，并组织技术人员去国外学习请教，回来后切割组装、实施改造。日后，我们果真建成了自己的整机运输船队，最多时共有 6 万～ 10 万吨级整机运输船 28 艘。这些整机运输船可以将振华的产品以整机形式运向世界各港口，由于在离岸前均已调试好，产品登岸后通电即可作业。

上海振华重工公司创始人、原总裁 管彤贤

事实证明，我们这一步“快”棋走对了。2004 年，全球最大航运公司马士基与振华签下连续 3 年大单。也是在这一年，振华在新加坡港、韩国釜山港实现了“零的突破”，还一举夺得全球港机金额最大的阿联酋迪拜港订单……

说实话,我们一开始的想法很“朴素”,虽然一直有走向世界的宏伟目标，但是能走得这么远、这么深是始料未及的。

《上财商学评论》：振华如此快速地成长，除了“快棋”之外，还有什么独门绝技？

管彤贤：我可以自豪地说，除了“快棋”之外，还有一手“好棋”。大家都知道，全世界绝大多数码头，不是建在海湾里就是建在河口内，那些地方大多是一座桥接着一座桥。可是，集装箱起重机都是二三十层楼高的“钢铁巨兽”，要想通行，总不至于拆桥吧？振华就想出了一个解决办法，在运输过程中把机械暂时“变矮”，这不仅保证了桥的安全，也不会因为要保证桥的安全而对产品大动手脚。可以说，这是其他公司很难做到的。

船舶和集装箱

从中国制造，到中国智造

2000 年，当运载振华港机的船即将驶过德国易北河上拱高仅 40 米左右的桥时，两岸围观的居民忧心忡忡。船上的起重机高达七十多米，会不会对桥造成危险？

就在大家担心之时，出现了让人大吃一惊的戏法：高大的起重机突然“变矮”了，这个由振华打造的船舶顺顺利利地通过了易北河上的桥。热烈的掌声随即响起，赞叹声不绝于耳。当时，船长给管彤贤打来电话：“我深深地感觉到做一个中国人的尊严和荣耀。”

“振华 6 号”也曾成功渡过这一险关。从报道中，我们可以一窥起重机“变矮”的过程。当年，装载的双小车超巴拿马型集装箱岸桥高度达 115.2 米，前后大梁总长度达 102 米，也是过易北河大桥时，“振华 6 号” 装在船上的 4 台桥吊先是放下了前大梁和梯形架，又在 12 小时里灌了约 3.5 万吨压舱水，使船舶的吃水从海上正常航行的 7.6 米增加到 12.3 米，最终，“振华 6 号”硬是在集装箱岸桥与桥梁之间“腾出”了近 1 米的净空高度，几乎“擦顶而过”。

这样的场景也曾在美国上演。2002 年，时任国家副主席胡锦涛同志访问美国，在旧金山时正巧目睹了振华的运输船运载着 4 台振华的岸桥通过金门大桥— 相似的场景，也迎来了旧金山市民的围观和赞叹。当晚，旧金山市市长在晚宴上向胡锦涛同志表示了感谢。

管彤贤并没有因此自傲不前。如果说，振华一开始抓住的是机遇，随着时间的推移，机遇带来的红利逐渐消减，振华要想发展就不能光靠价格战，也不能光靠“剑走偏锋”，最重要的还是要回归产品，必须紧抓科技创新。事实上，双小车超巴拿马型集装箱岸桥正是振华科技创新的成果，是当时科技含量最高、自动化程度最好的产品。其独创的应用超级电容的轮胎式集装箱起重机，达到降耗 30%、降噪、消除黑烟的环保效果；首创的高效环保智能型立体集装箱码头装卸系统，取消传统码头用内燃机驱动的平面水平运输，将码头装卸完全置于轨道上用电驱动来实现，被称为集装箱装卸史的一场革命。2005 年，上海振华港机“新一代港口集装箱起重机关键技术研发与应用”项目荣获国家科技进步一等奖。

正是对产品质量精益求精，甚至要求达到世界先进水平，再加上独特的运输方式，让振华不断战胜了德国、韩国和日本的竞争对手。它们有的需要现场安装集装箱岸桥，不仅占用码头岸线，还使安装周期大大延长；有的则没有自己的运输船队，从而失去竞争优势。

振华的“进化”，也意味着依靠价格优势的中国制造正在快步迈向“中国智造”。多年后，即使来自奥地利的一家起重机厂的报价比振华港机低 5%～10%，鹿特丹港方还是选择了振华港机，因为现在看重的是整体实力，振华的产品值得。

《上财商学评论》：除了荷兰外，央视“远方的家”栏目还讲述过德国汉堡港与振华重工的不解之缘。汉堡港是德国最大的，也是国际上最现代化的港口之一，其主要集装箱码头运营商 HHLA 集团，三个集装箱码头共有桥吊 56 个，其中 32 个来自振华重工；Eurogate 集团共有 32 个桥吊，其中 15 个来自振华重工，并且自 2004 年后，新桥吊全部使用振华重工的产品。事实上，振华在刚开始进军德国时曾遭遇质疑，最后是怎样拿下这德国最大的港口——汉堡港的大单的呢？

管彤贤：振华要想做大，肯定要进军德国，毕竟德国是一个机械制造业强国。当时的德国标准就是世界标准，如果能让德国用户接受振华，那振华一定能够打开整个欧洲市场。

当时我们在跟汉堡港联系时，它们的第一个想法是，作为机械制造业强国怎么能买中国的设备？但是我们靠着自己独一无二的技术，征服了它们。2008 年，它们又找到我，想要和振华一起设计自动化码头，也想再买十几台设备。当时我们谈得很愉快，到了最后对方突然站起来说，“管先生，我们把这么大的一个项目交给你们，你们不买点德国的东西，比如减速箱可以用德国的产品，我们会有压力。”我没有同意：“要用就全部用我们振华的。”这是因为我心里有底，你们不买我的能买谁的，而且我们的产品是终身保修的。为什么有这样的底气，那是因为在我的理念中，售后服务都是因为产品没做好，如果产品做好了就不怕别人找我们售后服务。

《上财商学评论》：我们还有一个疑惑，那就是起步并不高的振华凭什么搞科技创新？谁都希望中国制造成智造，但它不是一蹴而就的。

管彤贤：在振华的发展过程中，一直在招聘人才、培养人才。不过，在这方面我们走了一些弯路。我们希望招到的人都在社会上磨练过，知道自己到底想要什么。

除了依靠人才外，振华还有一套稳定的研发投入机制。我们建立了自己的技术中心，从 2006 年到 2010 年，该中心获得了国家科技进步一等奖 1 项、二

德国汉堡港

等奖 2 项，上海科技进步一等奖 4 项。成果荣获国家重点新产品 28 项。获得授权发明专利 45 项，授权实用新型专利 66 项，国际授权专利 6 项。此外，振华还与同济大学工程学院、上海材料所等机构建立了长期的合作关系。公司董事会每年以产值的 3% 作为科技开发基金……

《上财商学评论》：创新的确让振华底气十足。不过，我们印象更深的是：创新是种冒险，重要的是宽容错误和过失。

管彤贤：的确是这样的。在振华，允许大家出现一定的错误和过失。有一次，设计一个新的机械产品，组装好了却发现一个轴承的规格不对。尽管拆下重新组装浪费人力、财力，还要承担推迟交货的违约风险，但我还是坚持全部换掉。

振华能走到今天，正是在创新和宽容上找到了相对平衡。我们给创新以空间，当然也不给失败找借口。

大国重器，为中华崛起而努力

成功的路上有鲜花，也有荆棘。

就在振华快速走向世界的那几年，美国经济学家托马斯·弗里德曼的《世界是平的》正风靡整个世界。每个人都坚定地相信，科技和通信如闪电般迅速进步，使全世界的人们可以空前地彼此接近。然而，长期处于唯一超级大国的美国显然没有做好准备来迎接一个快速崛起的中国，各国依然热衷于用保护主义解决现有的问题，世界依旧充满各种不安和坎坷。国际化程度越深，振华越能感受这个世界的凉薄。

每个振华人都记得，2008 年 CNN 报道北京奥运圣火在旧金山的传递活动时主持人卡弗蒂口出狂言，妄称“中国产品是垃圾”。这不仅严重地伤害了中国人民的感情，也让振华拍案而起。

在振华港机公司网站的首页，很快刊登了一封署名为“上海振华港口机械（集团）股份有限公司 4 万职工”的公开信。在公开信中，振华以振华港机的产品已布局美国东西海岸各大港口为例，怒斥 CNN 如果再次叫嚣中国产品是“垃圾”，“我们会立即在美国请律师以诽谤罪起诉他们”[②]。这一公开抗议让无数国人为之一振，而振华也因此成为第一个向 CNN 公开叫板的中国企业。

②转自每日经济新闻 . 2008-04-21, https://wap.sogou.com/ntcweb?g_ut=3&url=http://ccnews.people.com.cn/GB/7141798.html.

如果说，振华一开始进军加拿大、美国和欧洲是为了求生和图存，随着振华的成绩越来越好，在世界上的影响越来越大，它已经不再是一个纯粹的产品，而是中国力量及中国形象的代表。如今的振华，不管有心还是无意，都避免不了加入大国博弈的战局。摆在振华面前的一定是“木秀于林风必摧之”，但是不被嫉妒是庸才，更重要的是，做好自己，扎好自己的根。

2009 年，伴随着亚洲最大 4 000 吨全回转浮吊、世界最大 7 500 吨全回转浮吊的研制成功，振华又迎来了新的历程— 从港口机械向海上重工进军。

尽管在港口机械上风生水起，管彤贤还是意识到，“仅仅满足于已拥有的矿藏而沾沾自喜者是一个没有出息的人，振华港机不会自满于现有的港口机械市场占有率。”这也让他将视线从港口投向了海上。正是在这一年，振华港机正式更名为振华重工。

这又是一个全新的开始。尽管和以前一样，振华依旧采用“ZPMC”作为自己的公司商标，但不同的是，“ZPMC”有了新的含义。“Z”取英文“zero”的首字母，意为“起点”，寓意“变身”后的振华不只是更名，而是二次创业，一切都是起点；“P”取英文“particular”的首字母，意为“细节”，公司的发展要注重细节，经济增长方式由粗放型向集约型转变，要推广精细化管理方式，向管理要效益；“M”取英文“mission”的首字母，意为“使命”，打造声誉振华、效益振华、品牌振华、科技振华、责任振华是所有振华人的使命，振华产品要继续享誉世界、引领未来；“C”则取英文“cooperation”的首字母，意为“合作”，振华宏伟蓝图的实现，需要员工、上级单位、国家、社会的共同努力和密切协作。

这样的振华，即使在后管贤彤时代依旧砥砺前行。2011 年，其完全自主研发的铺管系统被海工强国新加坡认可，一举中标新加坡 Swiber 公司海洋石油铺管船全套甲板设备。这不仅是中国企业首次将铺管系统推向国际市场，而且是振华征服挑剔的新加坡市场的见证。

此外，在自己的老本行上，振华不断突破，从 2015 年 6 月至 2016 年 6 月，全球共有 271 台岸桥订单，其中 222 台订单来自中交集团所属振华重工，占比一举跃进“八字头”（82%）。

振华的港口器械，和中车集团生产的轨道交通设备，徐工集团的起重机，特变电工的特高压输变电设备，以及哈尔滨电气、东方电气、上海电气三大动力集团高效、清洁的发电设备等一起，撑起了中国“十三五”期间重大技术装备的重要突破。

这不仅标志着一个国家制造业的发展能力和水平，而且关联着国民经济命脉，关系国家的发展存亡。

系统集成工程 青岛自动化码头

《上财商学评论》：记得 2013 年奥巴马在码头演讲，呼吁美国民众使用“美国制造”的场景。当时这位总统讲得正高兴，一阵风吹来，演讲背景起重设备上被星条旗特意掩盖的标志露了出来，竟然是“ZPMC”“振华”……

管彤贤：我们当时知道这件事是挺高兴的。别人再怎么做小动作，只要自己做得好，照样能生存下去。现在中美之间贸易摩擦不断，由于找不到替代品，因而振华重工的起重机在美国“幸免于税”，不受影响。

但是，我们也不能骄傲。我一直觉得美国的制造业很厉害，真正的高精尖技术依旧在它们手上。所以我们还是得虚心，不能一时意气用事。

《上财商学评论》：现在有很多人担心美国的制造业回流，还担心很多世界大厂会从中国跑到越南、泰国、柬埔寨……

管彤贤：这是很正常的事情，毕竟东南亚的劳动力价格更低。但是产业转移，不是一个简单的产品转移，而是牵一发而动全身的。

比如，缝纫机用的是两根线，而人工用一根就可以了。所以，这就要求缝纫机要用专用的缝纫机线，才能保证缝纫机的性能和产品的质量，不会出现断线、跳线和起毛等故障。这也意味着，即使有好的人力资源，却没有好的缝纫机线，去大厂也枉然。

尽管这些年中国的人力成本不断增加，但经过这些年的发展，中国已拥有了齐全的产业种类，有属于自己的产业链条。我相信，很多企业不会放弃中国的这个优势，也相信，这是振华未来会一直走下去的重要原因。紧紧依靠国家，振华一定会更好。

尽管对未来充满无限遐想，但六十岁才创业的管彤贤终于感到了时间的无情。2009 年，他从振华退休，但是，他的心一直不曾离开振华，也放不下自己为之拼搏的事业。

后管彤贤时代，振华阔步向前，但挑战如影随形。除了要从一家单纯的港口制造商变为集海上重工、港口机械为

系统集成工程 洋山港自动化码头

一体的企业，且继续保持世界领先，是巨大的挑战。更何况，自 2008 年金融危机发生以后，贸易、船舶、运输、制造等行业受到宏观经济影响波动较大，相对服务业所受影响较小，此前主打生产制造的振华忽视了设备服务，如何从竞争对手手中抢回这块市场成了振华在未来的巨大考量。

还有很重要的一点，在管彤贤时代不拘一格用人才，但是，随着振华走向世界，成为典型的国际化公司，如何培育专业的、专门的、适应不同文化差异的国际化人才，决定着振华的国际化的深度和落地的广度。

2019 年，因为一封内部邮件被公开，让低调了十多年的管彤贤走回世人的视线。86 岁的他，在邮件中对振华重工的 4 位员工提出抱桩机齿条工艺的 4 个修改要点，以解决齿条生产过程中的裂纹问题。这让澎湃新闻不禁感慨，这位已经离开总裁职位 10 年的人，仍旧奋斗在产品设计开发的第一线。

青春虽然已逝，但振兴中华的信念不会老去。

海洋重工

【专区】

上海×商学×管彤贤

《上财商学评论》：作为上海人，又选择在上海创业，上海对您意味着什么？

管彤贤：福地，绝对的福地。上海是金融及航运的中心和高地，是我们最靠近的重要市场和资金来源地。

上海这座城市对振华自始至终都提供了巨大的支持，它对长江入海口的疏通治理，及对洋山深水港的打造，让振华可以借势腾飞。

更重要的是，它在长兴岛的南部沿江地带，划出300多万平方米建长兴基地，让我们拥有通江达海的优越位置、价值连城的“黄金岸线”。可以说，我们是站在上海的肩膀上走向世界的。

《上财商学评论》：在您眼里，上海有着怎样的未来？

管彤贤：今天的上海发展很迅速，也越来越拥挤。我觉得上海现在不是需要更多的公司和企业，而是要有自己的“软实力”，以建设贸易投资最便利、行政效率最高、政府服务最规范、法治体系最完善的城市为目标。这样的上海一定会长盛不衰。

《上财商学评论》：上海是百年商学的发源之地。您从事商业这么多年，接触了什么样的商业理论？您认为金融家或是企业家想成功，需要具备什么样的商业素养？

管彤贤：上海自开埠以来就是商业重地，对商学有着重要的诉求。振华刚创办时就吃了人才的亏。

所以，若想成功，就要千方百计为科技创新人才创造成长的沃土。这已经成为振华的企业文化。我一直认为，引进人才时可以松，不苛求学历和年龄，但进入振华的人都要成为人才。这些年来，我们重视培训，将大量的农工变成能工巧匠。此外，我们重学历但不唯学历，既需要有热情、想得出、做得到、有动手能力但无正规学历的“行伍出身”人员，也需要更多的会外语、懂计算机等技能的科班出身的白领。毕竟，我们要和世界打交道，需要有了解世界的人才。

《上财商学评论》：对已开创百年商学的上财，您有什么寄语或期盼？

管彤贤：给国家多培养专业人才，尤其是国际化专业人才。在全球化时代，没有人才就无法很好地走出去。商

“复兴”豫园，只为人民美好生活的向往

访谈嘉宾｜黄震　豫园股份董事长兼总裁

统编｜编辑部　采写｜蔡亚华 王千马 徐维欣 陶宁宁 陈莉

黄震

“豫园，在不同的时代、不同的领域，有着不同的定义。”现任豫园股份第十届董事会董事长兼公司总裁黄震如是说。

从一家私人园林，到 20 世纪五六十年代的豫园商场，再到股份制改革浪潮中的豫园商城，再到如今融合了众多业态的复星豫园……正如黄震所言，豫园在不同的时代呈现了不同的面貌。

它既佐证了时代的变迁，更证明了改革开放带来的魔力。正是这种魔力，让豫园乃至整个上海，不断蝶变，走向全新世界。

“豫园”的跃迁

一开始，豫园只是一座美丽的建筑。它由潘允端于1559年（明嘉靖己未年）动工，在上海的老城厢建造，时人称“奇秀甲于东南”“东南名园冠”。后人又在其基础上重建楼台，增筑山石。这也成就了豫园作为“江南百景图”的美誉。

豫园处于上海市中心，并在风风雨雨中屹立不倒，见证了近代上海的发端和发展，已然成为上海的城市之根、文化之源。

它既是海派城厢文化的代表，也在八面来风之中融入了近代时尚都市的气息。从它这里，源源不断地流淌出了无数的文化和商业形态：饭馆、酒店、茶楼，各种行业摊贩，以及南来北往的商人和文化学者。

也正是在这些形态之上，上海的老字号——老庙黄金、亚一金店、绿波廊、南翔馒头店、上海老饭店、春风松月楼等蓬勃生育，同时长出了全新的“豫园商场”。随后，它又在股份制改革浪潮中变为豫园商城——中国股票史上第一家资产重组的公司。但它的生长并不止于此，随着复星在2002年以股权转让的形式获得豫园商城20%股份而成为公司第一大股东，豫园商城又被注入了旺盛的活力。2018年，豫园股份完成重大资产重组，公司的股票简称改为“豫园股份”。

历经几次改革，今天的豫园不只是一个园林、庙宇，同样也不只是一个商城。各种老字号品牌加上产业集群的叠加，让它的边际与延展远超想象。这也让它既成为中国资本市场三十年发展的见证者、参与者、建设者和受益者，也是未来全球最佳商旅文结合区和地标——传统文化、旅游休闲和商业创新在这里将实现深度融合。

但是，形态再怎么变化，它的内在气质永远不会变。潘允端当年之所以取名“豫园”，是为了表达对“豫悦老亲”的寄望；今天的豫园，也同样是为了满足人民对美好生活的向往和追求。

《上财商学评论》：谈到豫园，首先是想起上海老城厢那座美丽的建筑，很难想象它现在已经成为集珠宝时尚、文化饮食、酒业、中医健康、化妆品、宠物健康、国民腕表、流行服饰、商业与文创、东方美学生活等产业为一体，多元化发展的家庭快乐消费产业集团和上市公司……在我们看来，豫园股份的进化和豫园一样，都是人们对美好事物的追求。您是如何看待豫园股份和豫园之间的关联，对豫园股份来说，豫园有着怎样的内涵和价值？

黄震：在不同的时代、不同的领域，“豫园”两个字都有着不同的定义。

1559年潘允端始建豫园，460多年前的豫园是“豫悦老亲”的私家园林。从园林发展到商业闹市，再发展到上海乃至中国的文化商业地标，直至如今向着全球一流的家庭快乐消费产业集团迈进，可以说，“豫园”包含的内容越来越多，价值越来越大，承载的意义也越来越深远。

正如潘允端为“豫园”取名之初的本意，“豫”字代表快乐、欢喜，无论是“豫园”还是“豫园股份”，460多年来“豫园”所蕴含的快乐的内涵从来没有改变过。

《上财商学评论》：作为与上海证券交易所同岁的新中国最早的上市公司之一，豫园股份在上市的30多年内，历经三次重要选择，从“豫园商场”到“豫园商城”，再到“豫园股份”。您是如何看待豫园股份这三次跃迁的？又分别带来了怎样的提升？

黄震：2020年是中国资本市场发展30周年，豫园股份作为与上海证券交易所同岁的新中国最早上市企业之一，是中国资本市场30多年发展的见证者、参与者、建设者和受益者。

1990年，豫园商场正式在上海证券交易所挂牌上市，它是最早上市的“老八股”之一，也是中国第一个上市的商业股份制公司。经过股份制改革、成功上市，资本市场的优势给了豫园巨大的发展动力。

1992年5月，经上海市委、市政府批准，同意在上市公司“豫园商场”股份公司基础上重组成立“豫园商城”。可以说，豫园是中国股票史上第一家资产重组的公司。此次资产重组，促使豫园发生了翻天覆地的变化，一个保持中华传统建筑风貌又具现代设施的文化旅游商业地标巍然成型。

2018年，豫园股份完成重大资产重组后进入复星战略布局核心层，定位为快乐产业旗舰平台。在控股股东复星的赋能下，豫园加快了打造植根中国、布局全球的家庭快乐消费产业集群的步伐。依托复星全球平台及资源赋能系统，豫园股份战略愿景已日益定位于聚焦家庭客户，持续锚定“家庭快乐消费产业+城市产业地标+线上线下会员及服务平台”的“1+1+1”发展战略。

其实，从上市公司名称的几次变更，就能解读公司发展战略规划的调整与业务版图的扩张，能够看出公司不断顺应时代发展而变革，不断地转型和升级。

可以说，在中国资本市场30多年的激荡洪流中，豫园股份始终能够踏上时代的浪潮，作为“老八股”之一也能够顺应历史变迁发展至今，靠的正是一次又一次地变革。唯有变革，才能生存，才能引领时代发展。

《上财商学评论》：从豫园商场到豫园商城，它改变的不只是名字而是资产重组，这背后与之呼应的是上海的股份制改革。在您看来，豫园股份这些年跃迁的背后，又反映了改革开放之后上海的哪些进步和变化？

黄震：企业的发展离不开经济大环境的发展，而消费市场的繁荣离不开人民生活水平的提高。豫园股份的发展当然也是从一个点上折射了改革开放之后上海取得的飞跃式进步。

改革开放40多年来，上海翻天覆地的变化有目共睹，上海已经成为中国改革开放的重要窗口和发展成就的生动缩影。

有点年纪的上海人应该都记得，改革开放前上海人都希望家里有“四大件”，即自行车、缝纫机、手表和收音机。这“四大件”从某种角度代表了当时城市家庭的普遍消费能力和产业的供给水平，甚至成为当时年轻人结婚成家的物质标准。

而如今，上海的人均GDP已经超过2万美元，达到上中等发达国家水平，居民的生活水平不断提升，消费需求不断增加、升级。

同样是一个家庭，有了远比过去丰富得多的消费需求和更高的消费能力，而这也让企业有了更大的发展机遇。

我们来看看，现在的豫园能给一个

豫园股份董事长兼总裁 黄震

普通的上海家庭提供些什么？

早上，一家人可以去附近商圈的春风松月楼连锁店吃早餐；中午，上班族可以去公司附近的松鹤楼吃一碗美味营养的苏式面；晚上，一家人可以用AHAVA或者WEI的护肤品护肤。

周末，一家人可以去豫园商城游玩；女主人可以在老庙黄金或者亚一金店买一件心仪的饰品；手表不再是“四大件”而是一种时尚，男主人可以去淘一块海鸥牌或者上海牌手表，复古的和新潮的都有。

逛累了，就买一瓶梨膏露解解渴；晚餐，一家人在绿波廊或南翔馒头店吃一顿地道的上海美食，兴致高时还可以倒上金徽酒或舍得酒小酌几杯……

随着生活水平的提升，以上这些都是一个上海家庭的日常消费。当然，豫园能够提供给家庭消费群体们的远远不止这些。

目前，豫园股份已布局了多个产业赛道，拥有十余个产业集团。未来，更是会从衣、食、住、行、游、购、娱、教等多角度进行布局。

相信许多熟悉豫园的人都能感受到，30多年来豫园不断在改变，不断给大家带来新的惊喜：产业赛道日趋丰富与完备；品牌加速焕新，创造了越来越大的价值；产品和场景不断升级，更具竞争力……

这些都得益于上海经济的稳步发展，得益于政策的有力保障，更得益于上海开放、包容、创新的商业环境与城市品格。

豫园商城

复星的"复兴"：全球高度 + 中国速度

在豫园的发展进程中，2002 年和 2018 年都是值得标记的年份。

2002 年，尽管豫园商城身为中国第一家商业上市公司，也是"中华商业第一股"，但是，经过十年的发展又面临着新的问题，那就是国有机制下的企业活力和效率问题。"要不要混改？要不要引进民营机制？是豫园第二个重大思考。当时上海市政府邀请复星集团介入，通过混改，成为豫园第一大股东……"①

复星和豫园的联手，成了当年混合所有制改革的一个经典案例。此后，复星倾其全力助豫园发展，为其带来了不小的改变：一如强势推动老庙黄金、亚一金店的快速发展，打造了中国排名前三的黄金珠宝零售体系。

这无疑是双赢。对豫园商城来说，即使经历了 2008 年金融危机的挑战，依旧高歌猛进。2008 年豫园商城的营业收入约为 78.6 亿元，2013 年豫园商城的营业收入翻了近 3 倍，已达 225 亿元；净利润从 3.29 亿元上涨到 9.81 亿元。

对复星而言，一开始联手豫园看似是其多点布局的一环，但是随着不断发现并紧跟中国成长动力串联起海派文化的烟火气息，豫园的上海商业根基脉络价值凸显出来——不仅有着稀缺与不可复制的品牌价值与文化属性，而且更重要的是可以为"快乐"战略落地提供相当的想象空间。2017 年 6 月的复星国际股东大会上，董事长郭广昌首次对未来十年的全球战略调整做出解读：以家庭客户为中心，打造全球幸福生态系统。整个复星的产业也将分为健康、快乐、富足和智造四大板块。如

①央财财经"对话"栏目 . 激荡三十年：豫园股份与中国资本市场 [EB/OL].(2019-12-08)[2019-12-09] https://new.qq.com/omn/20191209/20191209A0R8YL00.html.

果说，复星医药作为旗舰平台主要承载了幸福生态中的“健康”，那么，体现着美好向往的豫园无疑是“快乐”一极的重要体现。

更重要的是，豫园是复星 C2M（Customer to Maker）模式的重要平台支点与流量闭环所在。复星通过将豫园打造成“蜂巢城市”理念下所附着高附加值的优质商业生态资产，来实现客户和制造端的无缝链接和赋能循环。

在复星集团的企业文化中，有必须要知道的八件事，其中之一就是永远强调最基本的投资逻辑是做“对”的事情。也就是，投资和收购的目的一定要清晰，其要做的事情就是为家庭客户“健康、快乐、富足”的生活方式提供解决方案。当复星无法提供或提供方案的速度太慢时，就会用投资或收购的方式将内外部资源打通，为客户提供“令人尖叫”的产品和服务。

这也可以解释复星在联手豫园多年之后于 2018 年前后谋求与豫园的关系“更进一步”的原因：实现对豫园股份的控股！

成为控股股东后，复星将豫园定位为快乐产业旗舰平台，加速打造豫园植根中国、布局全球的家庭快乐消费产业集群。此时，历经数十年风雨的“老八股”之一的豫园，又一次开始经历一场真正的脱胎换骨。

《上财商学评论》：对复星在 2018 年控股豫园股份，有媒体报道：随着重大资产重组的推进，复星越来越多地介入具体的管理。复星为什么对豫园股份表现出如此强烈的兴趣？

黄震：复星深耕健康、快乐、富足、智造四大板块，为全球家庭客户提供高品质的产品和服务。家庭是一切美好生活的根基，也是复星企业文化价值观的核心要素。经过多年的产业布局和积累，豫园围绕健康、快乐、富足三大核心需求，打造贯穿家庭全生命周期的产业生态，为全球家庭提供综合的一站式幸福解决方案。

而复星的战略落地，除了集团层面不断发力，还依托于专业的产业平台。通过这次资产重组，豫园股份成为复星快乐产业旗舰平台。

依托控股股东复星的全球平台及资源赋能系统，豫园股份战略愿景日益定位于聚焦家庭客户，持续锚定“家庭快乐消费产业 + 城市产业地标 + 线上线下会员及服务平台”的“1+1+1”发展战略。

《上财商学评论》：也有媒体认为，重组后的豫园可能将更多地承载复星在地产业务上的雄心。对此，您是怎么看的？

黄震：豫园股份涉及地产的板块是产业发展集团，这与其他传统地产公司是不一样的。既然凸显的是“产业发展”，那么它的定位、业务核心都是围绕着豫园的大消费产业进行的，涉地业务的核心是承载豫园的大消费产业，为豫园的各种产业提供多元的线下场景，实现线上线下融合发展。

我们一直推广的“蜂巢城市”产城融合解决方案，围绕着布局的重点城市打造不同的产业主题，并用产业基金、落地产业园区等形式，实现蜂巢产品的落位。“蜂巢城市”符合国家提出的“产城协同发展”的战略目标。

城市产业地标是豫园股份“1+1+1”发展战略中的重要一环，但并不能简单地将其归纳为传统的地产业务，二者有着本质的区别。

根据“产城融合”战略，豫园股份聚焦核心城市和优势产业，发挥蜂巢城市智造、产业投资运营和幸福场景打造的能力，持续针对健康、金融、文化、旅游、科创五个方向开展蜂巢产品的建设，在全国布局城市产业地标，以地产平台为载体，孕育和促进产业发展，通过产业协同和产业运营能力，发挥乘数效应，实现产业和城市能级的同步提升。

豫园老街

《上财商学评论》：不管怎么说，复星的进入对豫园股份来说无疑提振了能量和士气。除了资金注入外，近年来基于 FC2M 的数字化转型与会员体系搭建、豫园珠宝时尚板块品牌升级与产业链完善、化妆品产业投资并购及落地发展……都对豫园股份的未来意义重大。我们知道，这些亮眼的答卷都是出自您之手，那么，请您具体谈谈复星是如何赋能豫园股份的。

黄震：复星为豫园注入了许多新的发展动能。

首先，复星是一家根植中国的全球化企业，可以说，它为豫园带来了更多全球化的思维模式。

现在国家提出“双循环”，豫园也秉承着同样的价值观，强调全球化。未来几年，我们有三个重点工作：一是数字化建设，二是基于“双循环”全球化拓展，三是基于经营发展的组织机制建设。所以，全球化将是我们的发展重点。

全球化主要包含“走出去”和“引进来”两个方面。

事实上，近年来，我们已经做了比较多的“引进来”的布局，这同样得益于控股股东复星在全球的平台和资源。借助复星全球化的平台和资源，豫园做每个产业布局和规划的时候，都会在全球范围内寻找好的品牌和产品，把这些好品牌、好产品带回中国，通过豫园在产业运营方面的经验与优势，把中国的增长因素赋予这些品牌，将中国动力与全球资源嫁接，给中国消费者带来更多的好产品、好体验。

比如，珠宝时尚板块。2020 年，我们收购了法国设计师珠宝品牌“DJULA”，还与意大利高端珠宝集团“Damiani”成立合资公司；在珠宝鉴定方面，我们控股了比利时国际珠宝学院“IGI”，使得豫园珠宝时尚的产业链更加完备。

再如，化妆品领域。此前，我们并购了以色列著名的化妆品品牌“AHAVA”，并把美籍华人创办的高端护肤品牌“WIE”纳入了我们的品牌矩阵。

我们还在宠物健康赛道上试水。2020 年我们获得了全球排名前五的宠物用品品牌“品谱”在中国的独家代理权。

我们也与复星进行深度的合作，比如与复星时尚、复星旅文等都展开了积极合作，来拓展许多国际品牌和中国消费者之间的联动。

全球化的另外一个重要方面是“走出去”。让国潮产品到海外服务全球的家庭客户，是豫园股份一直在规划的事情。

对于并购来的国际品牌，我们创造性地提出要建设国内外双总部、双引擎以适应不同市场，进而探讨实施“反向双总部”，让老庙黄金等老字号走出去，并在目标市场使用当地的商业模式运营中国品牌，真正实现全球化。

当然，全球化背后更重要的逻辑是在“引进来”和“走出去”的基础上，有效整合全球各类资源，如 C 端资源、销售资源、上游产业资源等，要打开思路，创造性地思考和挖掘，创新商

豫园夜景

业模式，实现更大的发展。

第二，我们提出要坚持产业运营与产业投资双轮驱动的战略，将复星在投资领域的经验和优势赋能到豫园。

我们一方面深耕运营，做足产品力；另一方面通过投资拓展产业链，补足产业短板，拓宽产业赛道。近年来，我们产业投资领域有不少受到市场高度关注的亮点，比如2020年，我们先后收购了金徽酒和沱牌舍得集团的股权，布局了白酒优质赛道。

我们通过对家庭客户需求的挖掘，进入高成长、高频消费、高毛利的赛道，再通过深耕，把“三高”赛道真正转化为推动公司业绩和价值提升的新增长点。

此外，复星的组织机制与管理模式同样带给了豫园新的动力。例如，战时机制、合伙人机制、轮岗换防机制、竞合机制等，都非常值得豫园学习和借鉴。

自2018年以来，豫园股份持续推出多层次激励措施，已覆盖超过200人次。2020年11月，豫园推出了第一期员工持股计划，足见对于人才激励和组织能力提升的重视。

同时，豫园股份还继续深化多维、多层合伙人机制。目前，公司合伙人已达44人，同时引入大量市场化专业人才，打造充满活力的敏捷组织。

豫园的不断发展，尤其在2020年复杂的经济环境下依然实现逆势增长，离不开治理结构持续优化及人才组织机制的不断升级。未来，随着豫园产业版图的不断壮大，势必吸引越来越多具有丰富经验的市场化专业人才加入，而夯实并优化人才结构将是豫园未来蓬勃向上的一种原动力。

《上财商学评论》：接下来，您将对豫园股份进行怎样的更新和再塑？您对豫园股份有着怎样的期望？希望在接下来的 30 年它能实现或者开拓怎样的一个局面？

黄震：数字化建设、基于“双循环”全球化拓展、基于经营发展的组织机制建设，是豫园未来的三个重点工作。

未来 30 年，相信中国还将继续保持强劲的发展势头，国家会越来越强大，人民会越来越富裕。可以预见，未来中国会有更坚实的经济实力，这势必也会为包括豫园在内的企业带来更广阔的发展土壤和更多的发展机遇。

豫园迎来了三十而立，拥有了非常良好的产业运营基础，布局了多个产业赛道。目前，豫园旗下拥有 18 个中华老字号和一众领先品牌，以及多个全球知名品牌。我们认为，三十而立的豫园还很年轻，拥有蓬勃的发展动力，我们对未来还有无限的想象空间。

未来，豫园将继续秉承快乐产业的基因，跟随中国资本市场的发展，不断深耕产业，同时布局产业链、扩大整体规模，会不断以“全球高度 + 中国速度”加快推进全球化布局，向全球一流的家庭快乐消费产业集团迈进。

在新世代关口，重塑豫园老品牌

在豫园股份再出发的进程中，我们一定不能忽略，要给旗下的一众老字号带来希望。

这是一个国货重新“回潮”的年代。在经历了早期的模仿、规模战与价格战之后，一个由价格驱动到品质驱动的物美价廉时代已然到来。这背后，是中国的实体经济在改革开放的历程中诞生出了一批具备品质与核心技术能力的新品牌，与此同时，作为全球经济最大的贡献者，中国正成为世界瞩目的经济体，这些都给了国货生长的巨大空间。

更重要的是，中华民族的崛起让生长在全球化背景下的“80 后”“90 后”等新世代的消费群体不再盲目推崇洋品牌，反而更认可本土品牌。

由于中国影响力的提升和东方美学的复兴，使国货成为世界认识中国并与中国产生情感的推手或触手。某种意义上，中国的国货运动，可以视作新消费人群、产业链迭代、年轻化创业者、国内大循环的综合体现。

对于豫园股份来说，当下无疑是最好的时代。一方面，它拥有老庙黄金、南翔馒头店、海鸥手表、金徽酒、绿波廊餐厅等众多知名国货品牌；另一方面，正在全球布局的复星有渠道也有能力将这些资源在全世界发扬光大。

中国悠久的历史文化积淀正在释放着前所未有的“文化红利”，这无疑让豫园对发展充满着信心。当然，也不是没有压力，毕竟豫园是很多人心中海派文化的象征，在新世代的关口重塑豫园，最大的考验在于要适应消费者正在急速变化中的心智。这也意味着，需要不断地进化和迭代，不断地改变人们对它的既有认知。

不管如何，豫园都会坚持努力挖掘价值，并用更时尚、更现代的手段，让这些国货品牌创造出更多符合潮流的好产品。它们是豫园乃至复星面向未来的一个重要抓手，借此可以让世界进一步认识复星、认识上海，乃至认识开放的中国。

上海城隍庙

《上财商学评论》：不言而喻，旗下囊括老庙黄金、南翔馒头店、海鸥手表、金徽酒、绿波廊餐厅等一众老字号品牌的豫园股份，是国货的坚守者和更新者。我们也知道，中国的国货运动曾几起几落，一些品牌甚至曾被洋品牌收购，对此您是怎么看的？

黄震：经济的发展有必然的周期和规律，中华民族的伟大复兴也经历了各个历史阶段。对于国货的发展来说，不可避免地有许多必然的发展阶段要经历。

过去一段时间，国货品牌处于蛰伏时期，经受了不少考验，但也可以说那是一个积累和沉淀的时期，是一个蓄势待发的时期。

改革开放后，许多洋品牌、洋产品的进入一定程度上填补了某些消费需求增长导致的供给不足。优秀的国际品牌纷纷进入庞大的中国市场，是中国消费市场崛起的一种表现，也是中国开放的市场环境必然经历的历史现象。

不可否认，这个过程会对一部分国货品牌带来一定的市场冲击，但也给国货品牌在研发、生产、营销等多方面提供了经验与参考。中外品牌共同发展、协同合作、公平竞争，是开放环境下的必然，是应当肯定的。

回顾过去，我们欣喜于中国改革开放的伟大成就，自豪于中国经济发展的巨大进步。如今，我们迎来了国潮复兴的好时机，国货品牌经过了一段时期的积累和沉淀，迎来了广阔的发展空间，外国品牌带来的发展经验和发展模式、国际化带来的优秀人才资源等，都为国货品牌的发展提供了强大的助力。我们应当朝前看。

《上财商学评论》：国货似乎到了破茧重生的时刻。消费的升级，以及东方美学的复兴、文化的自信，让国货在当下形成了“国潮复兴”，您怎么看待这股潮流？

黄震：随着中国经济的崛起、国力的强盛，“国潮复兴”已是大势所趋。我们发现许多有趣的新现象，比如在豫园商城可以看到许多穿着汉服的年轻人，他们盛装打扮，喜笑颜开。

从他们的笑容里，我们可以感受到，现在的年轻人从骨子里是自信的，对于中国文化发自内心地喜爱，由衷地感到自豪和骄傲。

我们非常欣喜地看到这种转变，文化红利的释放势在必行。对于豫园来说，我们本身就具备深厚的文化底蕴，有460多年的历史沉淀，有18个中华老字号品牌，有上海乃至中国著名的文化商业地标……所以，豫园的未来，大有可为。

我们一方面要抓住文化自信、国潮复兴带来的发展机遇，另一方面要积极地助力国货品牌的崛起、助力中国文化的复兴，这是我们应尽的社会责任。

《上财商学评论》：从国货到新国货，似乎还有一段路程要走。新国货需要有新科技、新审美、新链接，还要适应新零售语境下“人、货、场”的更迭。对此，您觉得新国货的春天来了吗？又如何防备“倒春寒”？

黄震：当下中华文化复兴、国潮兴起，对国货品牌来说是很好的机会。

在生存以上，国货品牌要考虑如何发展，如何借助当下的中华文化复兴、国潮兴起，赋予新内容、新的表达方式、新的消费场景和产品。

豫园股份作为中国拥有老字号最多的企业之一，现已拥有18个中华老字号。我们意识到，老字号不能倚老卖老，老字号可以重塑。所以，我们要研究如何把内含的好元素、好价值传递出来，与年轻消费者的需求相结合。

当下，消费需求的增长趋势已经非常明确，我们要做的重点便是抓住需求点、满足需求点。对此，豫园近年来一直在努力、在实践。

首先，虽然豫园有非常好的场景，是一块宝地，对于包括老字号在内的国货品牌来说是非常好的生长土壤，但这块宝地不能成为“护城河”。如今，豫园的不少国货和老字号品牌已经走出豫园商圈、走出舒适区，去拥抱更大的市场。

例如，创立于1757年的老字号品牌松鹤楼就在非常积极地“出圈”，推进连锁化。2020年，松鹤楼新开连锁门店18家；截至2021年3月，已在上海、杭州、北京、南京多个核心商圈开出总计21家门店。各家门店从装修设计、用料、出品等各个方面严格按照松鹤楼惯有的高标准，以确保品质。2021年，松鹤楼连锁化还会提速，可能要有80家左右的门店数量。

这就是国货品牌、老字号品牌通过连锁化经营，走出舒适区，拥抱更多消费人群的很好案例。

其次，国货品牌和老字号品牌通过跨界合作、通过与年轻人喜欢的IP合作，使产品、品牌形象被更多消费者接受。

2020年，豫园和“Line Friends”这个国际知名IP合作出了一款网红月饼，连续两次加单，深受消费者欢迎；南翔馒头店和大孚飞跃运动鞋的合作也很受欢迎。

再次，创新的营销方式也是国货品牌和老字号品牌在发展时需要注重的。

2018年和2019年，我们开始尝试用年轻的明星、网红和品牌深度结合，创造了品牌代言人、产品代言人、品牌大使等合作模式，让老字号有更多的新内容、新形象。比如，2020年最成功的案例之一是老庙黄金和郭麒麟推出的“古韵金二期”合作，麒麟同款产品上市就热卖，这是双赢的合作。

《上财商学评论》：我们也关注到，豫园股份在2020年先后引入多个国际知名珠宝品牌和化妆品品牌。中国特色加世界高度，会不会成为豫园打造新国货的方法论？该如何深耕这一产业？

黄震：豫园股份的使命是为全球家庭客户智造快乐生活，我们的愿景是引领中华文化复兴潮流，智造植根中国的全球一流家庭快乐消费产业集团。

刚才已经提到，基于“双循环”全球化拓展是公司未来发展的三大重点之一。“引进来”的同时还要“走出去”，豫园股份正在规划让国潮产品到海外服务全球的家庭客户。

当然，在世界视野、世界高度的同时，我们也注重中国特色。有句话说得好——“中国的才是世界的。”

豫园股份围绕“文化复兴、经典时尚”进行全方位的产业升级和产品创新，通过研究消费者，焕新品牌，拥抱年轻顾客，从而抓住市场发展机会。

这有几个重要的方法：

第一个方法是产品创新。

在“C 端置顶”战略的指引下，以客户需求为第一导向，高效链接 C 端（Customers）和 M 端（Maker）。通过这几年对包括供应链、产品研发设计等环节在内的产业链布局，已有较好的能力根据目标人群的需求研发满足当下消费者需求的产品和服务。

南翔馒头店

在 2020 年进博会期间，现场的不少工作人员与媒体记者都戴上了一款泛着花香的口罩。这是已有 230 余年历史的童涵春堂以上海市市花白玉兰为灵感特别提供给进博会工作机构的创新产品— 白玉兰香口罩。疫情期间，年轻人“吐槽”长时间佩戴口罩带来的不适感被童涵春堂洞悉，之后童涵春堂快速反应，用时 5 天便研发出“爆款”新品—草本方龙珠口罩。这个产品的创新灵感源自古代李时珍为乡民治疗疫病时在手绢、衣襟、帽子里撒中草药粉以防被传染。按照这个方子，童涵春堂在口罩里放置了内含龙脑、白芷、薄荷等成分的草本精油龙珠，使用时只需轻轻按压，草药香味即刻清新萦绕。这款口罩的防护级别达到 99% 颗粒过滤、防护病毒飞沫，兼具口罩的透气性与防护性，并赋予口罩清新的白玉兰香气，受到了众多消费者的好评。

我们的珠宝时尚产业，同样有许多可圈可点之处。中华老字号品牌——老庙黄金，就是抓住审美潮流的变化趋势，在时代浪潮中优势突围，2020 年老庙古韵金系列销售额达到了 10 亿元。

同时，豫园尝试从产业链上游着手，推动产品创新，结合公司旗下珠宝产业。2020 年 9 月，创立了“豫园珠宝创意之家”设计师平台，为中国年轻珠宝设计师提供公平、自由的创作机会。平台着力于支持年轻新锐设计师，支持他们对传统文化、经典作品进行现代诠释，不断挖掘创新设计灵感，为大众带来耳目一新的首饰作品，也为行业带来活力和新生。

第二个方法是经营创新。

要依托拳头产品，连锁化经营，拥抱更大的市场。

豫园旗下的餐饮老字号松鹤楼，有一道招牌——卤鸭面。在松鹤楼菜品越来越多、体量越来越大的情形下，却有客人始终为这一碗面光顾。于是，松鹤楼以卤鸭面为“支点”，开出副线门店松鹤楼面馆，进而推进连锁化。

在营销方式上，老字号通过跨界合作，通过与年轻人喜欢的 IP 合作，使产品、品牌形象被更多消费者所接受。

第三个方法是数字化建设。

立足家庭快乐消费产业集团定位，豫园坚持“C 端置顶”战略，深入洞察家庭客户快乐消费需求，依托数字化中后台管理、数字化柔性供应链等系统建设，更好地满足家庭快乐消费的个性化需求。

2020 年，豫园股份推进数字化项目 36 个。通过数字化、智能化管理，更精准地分析和把握客户需求，提高运营效率，为消费者提供更好的产品与更便捷的服务。

在豫园股份和下属各产业公司、产发集团设立数字化工作小组，从各品牌的会员、供应链、大数据等角度进行顶层设计，加速数字化建设，促进多元产业之间的联动，推进流量共享和产品共创。

【专区】

上海×商学×黄震

《上财商学评论》：人们经常讲海派文化？您心中的海派文化有哪些元素、哪些关键词？

黄震：海纳百川，追求卓越，开明睿智，大气谦和。这 16 字的上海城市精神，也是对海派文化的高度概括。

《上财商学评论》：在商言商，本书的愿景和使命都和海派商学有关，您觉得海派企业家有哪些特质？

黄震：我想海纳百川和勇于创新是许多上海企业家所具备的特质。

《上财商学评论》：豫园股份能有今天的成就，一定是得益于上海这个土壤。上海有文化、时尚的过去，如今又在努力打造“上海制造”“上海服务”“上海购物”“上海文化”四个品牌，这对于您和豫园股份来说该如何为其做出自己的贡献？也请您谈谈上海老店如何在当下焕发新的活力？

黄震： 打响“上海制造”品牌，除了要解决“有没有”，还要解决“好不好”。豫园在“C 端置顶”战略的指引下，以客户需求为第一导向，通过对包括供应链、产品研发设计等环节在内的产业链布局，研发满足当下消费者需求的产品和服务。豫园旗下的多个品牌都在积极转型和焕新升级，以打响“上海制造”品牌。

“上海服务”方面，豫园在坚持“C 端置顶”的同时，加强数字化建设，进行营销战略调整，加大在线投入。在线投入不是仅仅加大电商，而是线上营销的全方位投入。各品牌的天猫旗舰店、微信小程序、抖音小店等，线上全渠道布局，不断提升业绩。同时，更多地投入系统建设，双智能中台、CRM 和 CDP，要把所有垂直产业都建 CRM 系统，并全面打通 CRM 数据，进行标签化管理；进行消费者画像洞察和分析，研究消费者需要的产品、需要的服务，定向研制、定向定制。通过数据为会员提供更精准的服务、更精准的产品。

“上海购物”方面，豫园不断提升旗下品牌和产品的消费吸引力和消费创新度。2021 年“五五购物节”的上海全球新品首发季，豫园股份发布了 5 大品牌 6 大系列新品，分享首发经济红利，助力上海国际消费中心城市建设。

“上海文化”方面，豫园有着 460 多年的文化积累，旗下拥有 18 个中华老字号和多个优质品牌，有着强大的文化基因。未来，豫园还将继续做好文化的传承与创新，推动旗下老字号品牌和优质品牌焕新发展，并打造大豫园文化片区，积极拥抱国潮复兴与文化红利，打好文化牌。

《上财商学评论》：您是非常优秀的商界老兵，这些年的经历让您对商业有哪些感悟？您认为在商业领域要有所成就需要具备哪些商业素质？

黄震： 我希望每一个做企业的，哪怕是创业的，要重视外部环境。当我们处在市场中，主要研究的是人，也就是消费者。所谓的新生活、新消费、新场景、新服务，都是围绕消费者、围绕人的变化来进行产业布局。如果我们要想“弯道超车”的话，必须要有运营客户的理念。

《上财商学评论》：作为上财校友，对贯行了百年商学的母校，您有什么寄语和期盼？

黄震： 我对上财一直很有感情。我不仅参与了 iMBA 项目，而且本科也是上财商学院毕业的，所以每次谈到上财都很亲切。正如我在 iMBA 项目第二十三届学员学位授予仪式上致辞时所说的那样，希望从这里走出去的每个校友，在未来的发展路上，要保持独立思考、要有全球化思维、要有情怀和担当，在厚德博学后更有能力经济匡时。商

花甲再创业，只为不再“芯”痛

访谈嘉宾｜尹志尧　中微公司创始人、董事长

统编｜编辑部　采写｜王千马

尹志尧

2021 年 4 月底，一篇《此人突然回国，美国慌了，日本傻眼，世界惊呆》的文章出现在自媒体上。文章介绍了 70 多岁的中微公司创始人尹志尧先生回国创业的事情，但内容大多夸大其辞，这让希望低调再低调的尹志尧先生十分被动和恼火。更让人无奈的是，这篇文章甚至把中微公司的“身份”搞错了，将其认定为芯片制造商，而其实中微公司是制造“制造芯片的设备”的制造商。因此，虽然这篇文章非常吸引眼球，但大多与事实不符。本文根据前期的现场走访、线上交流，以及尹志尧先生认可的一些资料进行整理、撰写，还原一个真实的尹志尧先生和他创办的中微公司。

工欲善芯片，必先利其器

中微公司的官网上这样介绍：“中微半导体设备（上海）股份有限公司（证券简称‘中微公司’，证券代码‘688012’）是一家以中国为基地、面向全球的微观加工高端设备公司，为集成电路和泛半导体行业提供极具竞争力的高端设备和高质量的服务。中微开发的等离子体刻蚀设备和化学薄膜设备是制造各种微观器件的关键设备，可加工微米级和纳米级的各种器件。这些微观器件是现代数码产业的基础，它们正在彻底改变人类的生产方式和生活方式。”

中微公司成立于 2004 年。自创立以来，公司的等离子体刻蚀设备已应用在国际一线客户从 65 纳米到 14 纳米、7 纳米和 5 纳米及其他先进的集成电路加工制造生产线和先进封装生产线上。其中，中微公司开发的 12 英寸高端刻蚀设备已运用在国际知名客户最先进的生产线上，并用于 5 纳米、5 纳米以下器件中若干关键步骤的加工。很多人对 5 纳米没有直观印象，它其实相当于人的头发丝直径的一万三千分之一。

作为上层应用所依赖的底层核心能力，芯片无疑是人工智能的核心“燃料”，它的设计与开发直接关联人工智能的计算力。随着 5G、大数据、物联网等应用越来越广泛，其最核心的“大脑”部分，都是高运算、高传输、低延迟、低耗能的芯片在发挥价值。所以，要想在数字时代、智能时代站稳脚跟，芯片是必须发展的尖端科技。这些年，中国芯片严重依赖进口，近十年的进口芯片金额高达 1.8 万亿美元。美国正是利用它试图打乱高度全球化分工的半导体产业。

《上财商学评论》：很难想象芯片的发展如此迅速，居然成为大国竞争的战略武器”。

尹志尧：我在北京大学读书的时候，当时国内最先进的计算机，内存只有128K，却占了两栋大楼，里面装着数不清的电子管。现在再看，一台内存128G的手机一手可掌控。可以说，通过发展纳米级的芯片，人类已经将微观加工的面积缩小了1万亿倍。

1947年12月，美国贝尔实验室的肖克利、布拉顿和巴丁联合发明了晶体管，用晶体管代替电子管制造，成了电子产品的重大突破。自此，人类踏上了不断追求更精细、更小的征程。在相同体积里集成越多的晶体管，就可以提供越高的运算能力。也就是在相同的半导体工艺下，晶体管集成数量和密度是决定一款芯片性能强弱的关键指标之一。

第二次世界大战中，资金和技术人才的积聚，以及军事对电子技术的需求（1961年与1962年，美国空军先后在计算机及民兵导弹中使用硅晶片），促使集成电路首次在军事市场占得一席之地，也最终推动美国在芯片产业上建立“先发优势”。正是集成电路里用的硅元素，成为“硅谷”名字的由来。而硅谷的创建，则和肖克利有着巨大的关系：在发明晶体管后，有着富翁梦的肖克利发现自己不能在贝尔实验室实现梦想，于是决定回老家圣克拉拉谷创办自己的公司，圣克拉拉谷就是后来的硅谷。

在尹志尧于北大化学系攻读硕士期间，硅谷声誉鹊起。由“叛出”肖克利师门的八人——罗伯特·诺依斯、戈登·摩尔、朱利亚斯·布兰克、尤金·克莱尔、金·赫尔尼、杰·拉斯特、谢尔顿·罗伯茨和维克多·格里尼克，在大股东费尔柴尔德家族的支持下，创立了深刻影响硅谷和美国的仙童半导体，并取得了预想的成功。但由于公司管理及股权的缘故，其光环很快随着开创者的离开逐渐消失。尤金·克莱尔后来成为一名投资人，他创立的KP（即凯鹏华盈）成为硅谷最顶尖的创投基金。诺伊斯和摩尔于1968年辞职，并顺手挖走了研发副主管安迪·格鲁夫，三人一起创建了英特尔。1969年，销售主管杰里·桑德斯又带着7位同事离职，创办的AMD成为英特尔的宿敌……

这种局面显然不是仙童所期望的，但是这种开花散叶却让整个芯片行业受益匪浅。除了吸引和培养了大批人才外，还带动了芯片制造从美国转移到日本、韩国、中国台湾等国家和地区，并随着家电产业的发展兴盛不衰。

尹志尧就是人才之一。尽管被“巨型”计算机震惊的他，很难想象自己的人生会在日后与半导体紧密交织、难以分离，但在北大毕业后他选择出国留学，先在加州大学洛杉矶分校拿到物理化学博士学位，继而留在硅谷，与芯片结下不解之缘。1985 年，他进入硅谷的英特尔中心研究开发部研发芯片，当时英特尔把 128K 的容量已经做到一个指甲盖大小的芯片上了。而尹志尧更想做的，其实是设备。

《上财商学评论》：为什么当年对制造芯片的设备更有兴趣？

尹志尧： 人类发展到今天，有过数次生产和工业革命。比如用农耕和畜牧取代狩猎和采摘，又用机器代替人。如今的工业革命是用电脑代替人脑。如果说，机器代替人的核心是宏观加工，如宏观材料（钢铁、水泥、塑料、纤维等）、宏观加工的母机（车床、铣床、钻床、磨床等）和驱动机器的能源（蒸汽机、内燃机、发电机、电动机等），那么，用电脑代替人脑的核心则是微观加工。

我们可以把如今的工业革命进行分层。最上层是网络、电商、传媒、大数据和云计算等，这有十几万亿美元的年产值。第二层是数码电子系统，小到电子玩具、手机、电脑，大到超高速计算机、全球互联的网络系统，这一层的年产值至少有几万亿美元。而支撑数码电子系统的是半导体芯片设计和制造产业，即第三层。芯片产业又是建在第四层半导体设备的基础上。这个工业革命的四个层次，可以用一个倒置的三角形来表示。换句话说，如今的芯片产业支撑的数千亿美元产值，阿里、谷歌可以成为上千亿美元的大公司，都是建立在微观器件的微观加工设备基础上。

“工欲善其事，必先利其器。”没有能加工发丝几千分之一到上万分之一尺度的微观加工设备，就造不出芯片，也就不会诞生那么多伟大的公司。

《上财商学评论》：一块芯片的诞生，除了上游的设计、下游的封装测试外，制造的上千道工序需要哪些重要的加工设备？

尹志尧： 最花钱也最重要的是光刻机、刻蚀机和薄膜沉积设备三类。

如果将芯片的制造过程比作雕刻，那么，光刻机就是将雕刻线稿（电路图）描绘在材料（晶圆表面）上的画笔，画笔的精度直接决定了芯片的尺寸和能够集成的晶体管数；刻蚀机就是一把雕刻刀，负责剔除线稿的多余部分，逐渐呈现“作品”完整的模样。

某种意义上，光刻机的精度要求相当于用一束激光去平整一块相当于德国面积的土地，误差在正负 1 毫米以内；刻蚀机的要求相当于用一根头发丝细的钻头打出一口水井，并且这根细钻头不能变形也不能有超过 0.7 纳米的损耗，一年要打 100 万万亿个孔，99.99% 以上的孔必须一模一样……这样的要求，在很大程度上制约了芯片产业的发展，大多数国家有心无力。

在芯片产业上具有"先发优势"的美国，很早就开始了这些设备的研发。除了英特尔外，AMAT（应用材料）在 1967 年成立。因为早早布局，AMAT 在 1993 年就实现全年营业收入达到 10 亿美元，成为全球第一个营业收入破 10 亿美元的半导体设备供应商。

1980 年，全球第四大半导体设备提供商、第一大刻蚀设备提供商的 LamResearch（泛林半导体，又称拉姆研究）成立。一方面，它依靠自身巨大的研发投入和强大的研发团队，自主研发核心技术，走在半导体设备的技术前沿，开创多个行业标准；另一方面，它通过并购和整合攫取产业链外围先进技术、扩充研发团队、拓展产品链条，持续助力新技术的研发。在很长时间内，泛林和 AMAT 占到全球市场份额近 40%，并在刻蚀、PVD/CVD 镀膜、热处理、离子注入、CMP 等多环节市场占有率领先。

1986 年，在英特尔担任工程师的尹志尧负责测试泛林做的介质刻蚀机。在合作过程中尹志尧提出了很多宝贵的意见，泛林慧眼识珠，将他纳入自己的旗下。

《上财商学评论》：看了中微公司创业之路，觉得您真厉害。先是从英特尔加盟泛林，之后帮助泛林击败应用材料，使国际市场上 40% 的刻蚀机都由泛林出货，然后又去应用材料，绕开之前泛林的技术又帮助应用材料打败泛林……

尹志尧：我加盟泛林，开发了彩虹号电容性介质等离子体刻蚀机，也开始了电感性等离子体源 ICP 技术的开发。后来，泛林又收购了做薄膜的公司。

我之所以离开泛林加入应用材料，一方面是泛林的管理出了点问题，另一方面是应用材料因为做老一代刻蚀机没有竞争优势，也就迫切需要人才的加盟。我在应用材料一干就是 13 年。

可以说，在泛林与应用材料的那些年，尹志尧成就了自己的名声，也证明了华人在科技领域中"我能"。与此同时，他也感受到了芯片产业凶猛的发展浪潮。尽管做芯片的步骤越来越复杂、设备越来越贵，但随着电子表、PC 及手机等终端应用的爆发让芯片进入寻常百姓家，相应地大家对芯片的要求也越来越高。由于政策和技术壁垒的存在，芯片产业呈现一定的"封闭性"，这体现在芯片制造设备上，能做纳米技术的也就 30 来家，能做光刻机的就 ASML 一家，做刻蚀机的除了英特尔和泛林外还有东京电子。东京电子本来只是销售公司，并不懂技术，后来与泛林合作后开始做设备。如今的东京电子已成为全球第六大刻蚀机企业。

物理，化学及数学	工程技术	特种工程技术
等离子体物理	集成线路工程	高真空工程及测试
半导体期间物理	半导体器件电性测试	高温温度控制及测试
电学及电磁学	半导体制程几何测试	低温温度控制及测试
频射及微波物理	射频工程	等离子体工程
热力学	微波工程	等离子体测试
流体力学	激光工程	阳极氧化铝
有机化学	机械手工程	等离子体喷涂材料
无机化学	直交流电动力工程	特种化学沉积材料
分析化学	传质传热	特种陶瓷
结构化学	敏感器技术	高频交流电功率发生器
电化学	系统数字控制工程	真空泵
表面物理化学	系统控制软件	分子泵
等离子体化学	人机界面软件设计	气体流量计
光谱及能谱学	机械设计	气动元件及控制
宏观反应动力学	真空系统设计	高纯气体技术及工程
微观分子动力学	金属学	静态及动态密封技术
微积分	金属锻造和熔铸	超洁净室技术
矩阵力学	石英工程	微粒及污染分析技术
有限元分析	陶瓷工程	超洁净清洗技术
统计学	塑料	工艺过程控制
实验设计方法	橡胶	各种过失分析方法

半导体关键设备的开发涉及到 50 多种科学技术及工程领域

为国创业，六十再启程

2018 年的中兴事件，让我们看到依附于人承受着多少委屈。

从 2000 年前后国内半导体创业第一波浪潮兴起至今，无数芯片设计、制造和封测企业如雨后春笋拔地而起。1998 年，我国华晶芯片生产线开始承接上华公司来料加工业务，标志着国内自主的 Foundry 时代正式开启。但芯片产业依旧落后。

“与 30 年前相比，留给中国芯片产业的课题已经完全变了：这不再是一个攻克世界尖端科技的科研课题，而是面对整个生态产业链全面落后如何追赶的问题。”[①]

①芯智讯 - 浪客剑 . 大国芯事：他们终结了中国的无芯历史 [EB/OL]. 中国经济新闻网，2020-12-22. http://www.cet.com.cn/xwsd/2738366.shtml.

这种症候在个人电脑时代已集中表现。比起以英特尔为代表的 X86 架构处理器与微软 windows95 桌面操作系统构建起全球家用电脑的庞大生态系统，我国虽然一时间涌现了数百家电脑品牌商，却因为上游的芯片、处理器和软件产业被美国科技巨头牢牢掌控而只能给别人打工。

直到今天，中国信息产业“缺芯少魂”的局面还是没有大的改变。有数据显示，2016 年中国进口芯片金额高达 2 300 亿美元，花费几乎是排在第二位的原油进口金额的 2 倍。根据中国海关总署数据，2017 年中国芯片进口额超过 2 601 亿美元，位于全球第一。此外，在设备上也同样依仗外援。根据 SEMI 数据，2017 年中国半导体设备销售额 82.3 亿美元，同比增长 27%，约占全球的 15%，但其中一半都是外国芯片大公司在中国投资生产线所购买的设备，本土生产线购买的设备只占国际总市场的 10% 左右。

《上财商学评论》：请问尹总是如何看待中国芯片产业发展的？

尹志尧：中国现在的形势很好，大概有 40 多条生产线在计划或已经动工投入生产。我国大陆的芯片投资量占全世界的 20%，只少于台湾地区。但是，这 20% 里有一半是海外的芯片公司（像英特尔、三星等）在中国的生产线，所以我们还有相当大的距离要追赶。

芯片产业是一个高门槛的行业，这也是全世界的芯片制造公司只有一百多个，蚀刻机设备也只有泛林、应用材料和东京电子能做的根本原因。

在技术壁垒外，还受到了一些“刻意打压”。例如，日本抓住电气化浪潮并受到政府的重视，其半导体产业得以迅速发展，尤其是在 DRAM 储存芯片市场中日本半导体企业采用售价永远低 10% 的过饱和供应策略，让美国半导体产业难以支撑。在利益面前，美国人逮捕日立和三菱公司涉嫌窃取商业机密的两名工程师，并以此为由派人入驻两家企业进行监管；又在 1986 年初，裁定日本 DRAM 储存芯片存在倾销的行为，对日本征收 100% 反倾销税，并迫使日本签订了苛刻的《日美半导体协定》。再加上 20 世纪 80 年代初的广场协议，一下子将市场让给了具有成本优势的公司。

由此可见，美国为了维护自身的利益和地位是会采取各种手段的。美国对中兴及华为的打压也证明了这一点。但面对打压，中国人是绝不会屈服的。“苟利国家生死以，岂因祸福避趋之！”为了中国芯片产业不再受制于人，许多人都站了出来，尹志尧就是其中一位。

尹志尧和爷爷尹秀峰

《上财商学评论》：您是北京人，但爷爷出生在安徽桐城，曾就读过国学大师吴汝纶先生创办的桐城中学。

尹志尧：我爷爷尹秀峰是桐城孔城人，他于1902年考入桐城中学，成为该校的第一届学生。美学大师朱光潜也是桐城中学的学生，他的弟弟朱光泽是我爷爷的女婿。我记得爷爷是在民国初年担任梨树县县长期间，规划建设四平街，支持本土工商业发展来对抗日本经济侵略。

桐城不仅有优美的风光，而且有深厚的文化底蕴。它是全国闻名的文都，以戴名世、方苞、刘大櫆、姚鼐开创的桐城派，成就了“天下文章出桐城”。由桐城派后期的国学大师吴汝纶创办的桐城中学，将“勉成国器”作为校训。独特的文化和城市气质浇灌了尹秀峰的成长，让他在艰难的日子里承担起了爱国爱乡的责任。多年后，尹志尧在六十多岁时回国重新创业，也是受到爷爷的很大指引。爷爷希望祖国富强，他则希望让祖国不再“芯”痛。

《上财商学评论》：您回国创业，肯定有自己的朴素情怀，也应该有机缘巧合吧？

尹志尧：如果说机缘，那肯定是国际半导体设备展。在那次展上，我偶遇了一位中学校友——江上舟。

我的教育经历比较特殊，在北京大学读研究生前，曾在中国科技大学化学物理系读书。其间，还在兰州炼油厂、中科院兰州物理化学所待过十年。在中国科技大学前，我在北京四中读书。江上舟正是北京四中的杰出校友。

与江上舟的见面是一场英雄相惜的见面。江上舟是“战略家”和“实干家”，曾在海南和上海的政府部门任职。他比较早地意识到半导体芯片是国之重器，因此积极地为我国芯片产业的发展贡献自己的力量。在62岁时，他还担任了中芯国际的董事长。

两人见面时，江上舟时任上海经委副主任。江上舟十分看重尹志尧在芯片领域的才干，积极动员尹志尧回国创业，并且不顾自己身患重病，在尹志尧缺少资金时积极为其协调。正是有了江上舟的大力支持，才让中微公司的发展进入了“快车道”。

《上财商学评论》：您能具体描述一下当时会面时的情形吗？

尹志尧：当时，江上舟看了美国应用材料公司的设备后，跟我说了这样一句话：“看来刻蚀机比原子弹还复杂，外国人用它来卡我们的脖子，我们能不能自己把它造出来？”他看我有些犹豫，又说：“我是个癌症病人，只剩下半条命，哪怕豁出命去也要为国家造出刻蚀机。我们一起干吧！”这一下子唤醒了我内心深处的报国情怀。

我对江上舟是充满着感激和怀念的。直到今天，我还是认为，没有江上舟就没有中微这家企业。此外，在中微公司发展的过程中，我们得到了他的指引、建议、引荐、推举和批评，得到过他以各种形式的帮助和扶持，及时而有效。沪上新兴的半导体装备和材料企业大多如是，绝少例外。

《上财商学评论》：您想回国创业，美国会放您回来吗？

尹志尧：他们当然不肯放，到今天他们还怀疑我带了一些人回国，是把美国的先进技术带回了中国。2019年4月18日，他们还为我组织了一个下午的听证会，也是在这次听证会上，我理直气壮地讲了三个观点，一下子就把他们给说服了。

我的第一个观点是：集成电路的技术虽然在美国繁衍，但大的生产线在最近30年内都转移到了亚洲，占了全世界75%的投资。美国所占份额不到15%，美国集成电路已经被边缘化了，台积电已经超过了英特尔。原因可能跟亚洲的教育和文化有关，因为亚洲人讲究纪律性，这样的人才做集成电路最好，因为集成电路需要严谨，不能放松。而美国人重视创造创新，做这么细致的事情缺少耐心。

我的第二个观点是：做设备肯定要跟着市场跑，现在中国是大市场，是不可抗拒的。

我的第三个观点是：你们认为我们把先进技术从美国带回中国，事实上不是这样的，恰恰相反，我们来美国之前是在中国受的教育，我们是过来帮美国开发这么多产品。现在，我作为一个中国人，总想有个机会为自己的国家做点什么。我承诺，我不会把美国的技术带回中国，我们在中国做的肯定不同，而且会做得比你们更好。

在祖国的关爱下，创新和差异化

2004 年，尹志尧带着一批资深的行业专家一起回国创业，创办中微公司，落户浦东金桥。自此，尹志尧和中国芯片产业的命运紧密相依。

和在泛林、应用材料这样大平台上拥有得天独厚的条件有所不同，尹志尧需要带头在一个芯片产业相对落后的国家参与国际竞争，以小博大。这种赶超的压力无时不在。

“第一财经”的“浦东 30 年 · 财经 30 人”栏目有这样一个问题问尹志尧：这个领域无论是技术还是资金门槛都很高，国际上有非常强大的对手，中微公司用什么跟他们竞争？

尹志尧坦诚：“我们必须把目标定在赶超世界最先进水平，而不是补自己的短板再按照人家的路往前走。这样的话永远是落在后面。”

中微公司必须要选择走这样两条路：一条是 Innovation，就是创新；另一条是差异化，就是设备产品要与众不同。

尹志尧说：“比如，等离子体刻蚀需要解决等离子源的问题，大家挣扎了 20 年都没有想到最好的解决办法。我们回国以后提出了一个新的概念，就是用甚高频的和低频的交流射频一起加在下电极，产生一个甚高频耦合的反应离子刻蚀，这个试验我们做成了。三四年以后，国外公司都按这个方向去做，那这个技术就是我们首先开始的。另外，对于机器本身如何做到输出更快、占地面积更小、成本更低，我们想出一个很巧妙的办法，就是一个反应器用两个反应台同时加工，并且每个反应台可对操作。那么，对方加工一片，我们可以加工两片。但这需要反应器设计的很多细节，我们都做好了。所以，国际上一流的晶圆生产厂商已经做到 5 纳米，用到我们的刻蚀机，都是这种双台机，占地面积小了很多、输出量高了很多、成本也节省很多。”

正是在这样的创新和差异化下，中微公司开启了自己跑步前进的步伐。从中微公司的产品介绍中，我们可以看到许多产品：第一第二代双反应台多腔介质刻蚀设备、单反应多腔介质刻蚀设备、双反应台刻蚀除胶一体设备、硅通孔刻蚀设备、单反应台电感耦合等离子体刻蚀设备、MOCVD 设备、28 英寸超大反应腔 MOCVD 设备，以及工业用大型 VOC 净化设备。

《上财商学评论》：这么多让人称好的产品，给大家详细介绍一下吧！

尹志尧：我们的专长是做等离子刻蚀机。到今天，我们做出来的刻蚀机有6米长、5米宽、3米高、16吨重，用30万瓦功率，产生非常强有力的离子六，可以钻很深的孔或抠很深的沟。此外，我们还做了发光二极管所用的化学薄膜设备。

其中，最难的是刻蚀深孔，就像一个钻床要钻一个非常深的孔，如果机械钻床长度和直径的比超过20：1的话，钻头经常会断。而我们是要钻40：1的圆孔，甚至60：1或更深。一个等离子刻蚀机一年要加工1 018个孔，也就是100万万亿个孔。这样巨大的加工量，每个孔都要加工到合格，是非常难的事情。中微在技术上有突破，可以刻出这样的深孔。

36年以来在国际等离子体的科室和设备技术发展中曾经有32项重大突破，我和我们团队，包括回国之前和以后，做出了19项突破，占了60%。中微公司现在有1 600多个反应台，在亚洲、欧洲54个芯片制造公司的73条生产线全面量产。在几条国内逻辑和存储器的生产线上，我们的介质刻蚀的市场占有率排名第二位。在我国台湾地区最先进的生产线上，5纳米的有相当的市场占有率，5纳米以下的市场占有率也有了进一步的提高。

今天的中微公司，无疑与泛林、应用材料、东京电子、日立4家美日企业一起，成为全球最先进芯片生产线供应刻蚀机企业。

在薄膜沉积设备（MOCVD）上，中微公司于2010年从零开始，一举打破国内市场一直被美国维科（Veeco）和德国爱思强（Aixtron）两家供应商长期垄断的局面，实现了超过70%的市场占有率。

这样的结果，大涨中国人的志气，也让我们在芯片产业上看到了希望。更重要的是，在这些为数不多的关键装备和关键装置上有所突破，可以帮助国家尽快地从制造大国转型为制造强国。

在中微公司的发展过程中，时刻体验到"痛点"。主要是外部的影响，随着中微公司的做大、做强，不断地抢占了欧美在全球的市场份额。所以，和美国"纠缠"成了尹志尧创业多年来一直不曾迈过的坎。这些年间，应用材料曾以窃密将中微公司告上美国法庭，泛林也在2009年控告中微公司专利侵权，前前后后纠缠了4年。

中微公司上市纪念品

《上财商学评论》：当以前的合作者成为今天的对手，让人别有滋味在心头。

尹志尧：这很正常，毕竟在商言商。但只要重视知识产权、商业机密，既遵守我国的法律，也遵守美国的法律，就能处于不败之地。

当年为了应对老东家的状告，我甚至请美国一流的律师来查我所有的文件向大家自证清白。结果查了两年半，我们付律师费来看我们自己的文件就花了2 500万美元。但是查来查去，也没有查出什么问题。后来，我们就和老东家和解了，甚至还说以后会合作。这些较量再一次说明了"打铁还得自身硬"。

你要努力做好自己的产品，让自己从跟跑者变成领跑者，就不怕别人说你抄袭。2015年，中微公司开发的国产等离子体刻蚀设备达到世界先进水平，美国商务部就解除了这类设备持续几十年的出口管制。

直接对付中微公司行不通，它们又企图从供应链上来遏制中微公司的发展。2017年，Veeco向纽约东区的联邦法院状告中微公司的MOVCD设备的晶圆承载器（即石墨盘）SGL供应商侵犯了其专利，要求其停止对中微公司供货。纽约法院于2017年11月初发布临时禁运令。但是，中微公司依旧积极应对，甚至以攻为守，向福建高级人民法院正式起诉"Veeco上海"，指控其TurboDisk EPIK 700型号的MOCVD设备侵犯了中微公司的晶圆承载器同步锁定的中国专利，要求其停止侵权并主张上亿元侵权损害赔偿。

尽管"Veeco上海"曾向专利复审委提交专利无效宣告请求，主张中微公司专利无效，但专利复审委于2017年11月24日驳回了无效宣告请求，确认中微公司专利有效。12月初，福建高级人民法院同意中微公司针对"Veeco上海"的禁令申请，该禁令禁止"Veeco上海"进口、制造、向任何第三方销售或许诺销售侵犯中微专利的石墨盘产品。

中微公司的设备

《上财商学评论》：对这样的胜利，你们应该感到很高兴。

尹志尧：其实我们感觉到的是压力。你要知道，全世界能做这种石墨盘的只有两家公司：一家是日本的东洋碳素，一家是我们的供应商，它们在德国做了石墨盘拿到美国去做碳化硅。很多人以为石墨谁都会做，但能用在半导体上的也就这两家。在这样的情形下，我们和它之间的竞争就是不对称竞争。

虽说我们在国内算是比较先进的了，但放在整个世界来看还是后起之秀。我们和世界相比，还是有全方位的差距的。

2018 年，尹志尧接受科工力量采访时，曾阐释过相关的话题。尹志尧认为，中国现在要产业升级，从制造大国到制造强国，要做的事情太多了。其中，最核心的事情是在不多的关键装备和关键装置上的突破。“大国重器首先一个就是高端半导体设备。现在投一条线少则 50 亿美元，多则 70 亿美元，80% 的钱都是买设备，而且 95% 以上的设备都是国外的。所以，如果你没有这个高端设备的基础，也就是说 80% 的技术其实都在人家手里，你只要一台机器进不来就完蛋了。还有就是宏观加工的五轴联动加工中心，虽然中国有成千上万的加工厂，但是买的不是德国就是日本的设备。高精尖的宏观加工的母机，就是五轴联动加工，现在连美国都做不好、做不出。这并不是那么容易的。但是中国一定要下决心把它做出来。”

正因为技术和设备被西方垄断，这几个凤毛麟角的大公司，都是百亿甚至几百亿美元产值的公司，比我们同类的公司大了几十倍。哪怕像中微公司这样即使在国内很先进的后起之秀，和国外同类公司相比，还是差了 20 倍，研发也差了 20 倍。在这种情况下，怎么赶上去是一个课题。

此外，还有一系列的不对称。例如，准入门槛不对称，“用了美国的设备 20 年，突然中国的一个新公司说‘你用我的新设备’，一般来说人家是不愿意试用的。”再如，人才资源不对称，“顶尖的专家都在美国，以及日本和其他地方。”

《上财商学评论》：我们该如何破局呢？

尹志尧：我一直认为，集成电路产业需要全世界各国和很多公司上下协同努力才能做出来。没有任何一个国家，可以靠自己的一国之力把集成电路从头做到尾。可以说，集成电路产业早已成为全球化的产业，是集成努力的结果，任何一个国家没有权利称这个产业是一国的财产，也没有可能将这个产业据为己有。

一方面，我们希望这个世界能意识到，集成电路产业是不能割裂开的。那些主张对中国严加控制的人是外行，容易搬起石头砸自己的脚。

另一方面，我们也要认识到，团结才是力量。要想在芯片上打赢这场不对称竞争，就必须把政府的推动和民间的努力合二为一，形成合力，这是唯一的办法。

我们要解决好钱的问题、人的问题，以及政策的问题。我们的政策要着眼于科创企业的发展，特别是从投融资政策、进出口政策、所得税政策、劳动法政策、上市政策。一系列的政策都可以深入研究、升级、深化、改革，这样产业就会发展。

幸运的是，不管世界如何变迁，这个时代越发吻合中国芯片产业之所愿。尽管芯片产业还受制于人，甚至还存在着“造不如买，买不如租”的思想，但已充分地意识到科技进步对国家的意义。大国崛起需要有大国重器。没有科技竞争力的国家，在未来一定也会拱手认输。

位于龙沪路和泰华路交口附近的上海金桥出口加工区南区的一栋楼房，是尹志尧平常办公的地方。进入大厅，一侧醒目地张贴着一句话：将半导体芯片工业作为战略性产业抓住不放，实现跨越。大字无言，却让每个投身或关心这个产业的人激动异常。

同样让人激动的，还有大厅正面沿墙整齐排列的雕塑。既有爱因斯坦、牛顿，也有张衡，它们代表了科学的力量，而且是中国和世界的结合。它们让人无须妄自菲薄，也相信未来。

在中微公司的会客室里，有一面小锣，上面刻有“上海证券交易所科创板”字样，落款时间为二〇一九年七月二十二日。它是中微公司在上海证券交易所科创板上市的纪念。科创板是专为科技型和创新型中小企业服务的板块，是国家努力为面向世界科技前沿、面向经济主战场、面向国家重大需求的科创企业提供高效融资途径，促进创新资本形成的决心和努力。

今天的中微公司，正行进在一个上有关怀、下有追捧的时代。虽然它的未来荆棘丛生，但它一定会披荆斩棘并看到鲜花盛开。

中微公司大厅雕塑

【专区】

上海×商学×尹志尧

《上财商学评论》: 当初落户上海, 除了江上舟的影响, 还看重了上海哪些地方? 上海给了您怎样的支持?

尹志尧: 上海对我们的支持是全方位的，所以我们能落户在金桥。我们所在的区域在中微公司初创时就已经比较成熟了。

我非常看好浦东和临港，尤其是临港，正全力打造上海经济新增长极和发动机，参与设立或引入了上海人工智能基金、上海集成电路二期基金、上海集成电路装备材料产业基金等多个基金。如今集成电路产业已经成为临港产业布局中至关重要的一环，逐步承担起“填补国家空白”“解决卡脖子技术”的战略任务。

《上财商学评论》: 在互联网产业发展最快的世纪之初，上海没有紧跟“潮流”，甚至有些落后于邻居杭州，您对此怎么看?

尹志尧: 从表面上看，很多人认为上海错失了机会，但事实上，上海敢坐冷板凳，而且选择了最硬的“骨头”来啃。在张江，除了中微，还有中芯、华虹宏力、展讯、锐迪科、芯原、澜起和上海微电子，可以说中国众多集成电路产业链龙头公司都汇聚于此。

当今天的浦东已成为全国集成电路产业最集中、综合技术水平最高、产业链最为完整的地区，谁还会怀疑上海的明天会更美好!

上海临港新城

《上财商学评论》：上海是百年商学的发源之地。在您看来，不论是金融家还是企业家，若想成功需要什么样的商业素养？

尹志尧：其一，需要耐心。不同于芯片设计行业的轻资产特点，不同于面向C端用户以量取胜的芯片产品，半导体设备本来是一个投入巨大，要有长期耐心的产业。

其二，要有做好公司的意志。高科技公司的投资者，不是靠分红，而是靠公司强大的竞争力和高速的发展所支撑的股价的上涨来获取回报的。硅谷的经验显示，对于高科技公司而言，更大的投入再研发、使得公司高速发展，在股市上表现得更好，投资者通过减持来得到投资回报，已经成为常态。

其三，要有洞见的眼光。因为做半导体设备，本身自带高投入、长期投入的特征，所以一定要提前很多年去对未来布局，至少要提前7年。

其四，要有开放的心态。集成的工业不能割裂开，即使面临国外的打压，中国也不能关起门来。商

04

特别策划

鲁大举：花了足足五年才“出圈”

采编｜编辑部

服装业的“厂二代”：现在和未来

采编｜许淑君 谢磊

文娱产业近距离

鲁大举：花了足足五年才“出圈”

采编｜编辑部

2018年年底，电影《秋田》（The Fall）在第34届华沙国际A类电影节主竞赛单元全球首映。这部小成本、小制作的电影一举拿下了NETPAC大奖（亚太电影联盟大奖）。中国电影人中获过这个奖项的有：贾樟柯、王小帅、关锦鹏以及许鞍华。

《秋田》的主人公叫老林，他是一个中年小老板，有车有房，有妻有儿，甚至还有情人。他每天按点上班，下班后看看电视，跟情人约会，或跟老友们聊天。有一天，他跟一个大企业做了一笔生意，但这个企业没有如约付他货款，他三番四次地追讨。雪上加霜的是，老林生活的其他方面也开始出现各种挫折……

看起来，这位主人公的情形像是导演周立冬日常生活的写照。这位曾在煤矿工作，下海经商十几年，52岁踏入电影圈的山东大叔，在自己的第一部长片中并没有彰显宏大叙事的野心，而是用不煽情的拍摄手法和质感粗粝的画面，讲述了所谓中产阶级的中年琐碎生活。

有些反讽的是这部电影的名字——《秋田》。顾名思义，就是秋天的田野，正是收获的时候，按照人生二十年为一季，暗喻着此时的人生正进入收获的季节。但是，这个年纪的中年人真的是面临着收获吗？正如影片的英文名——《The Fall》，更有“跌落”“突然倒下”的意思。

正是这种直击人心，让这部电影深受好评。尽管在开拍之前，一切费用都是自掏腰包，但是周立冬幸运地找到了自己的搭档——鲁大举。在此之前，鲁大举只是上海一家人力资源公司的老板，是“圈外人”，但事实证明，只要用心讲好故事，也可以征服观众，也可以“破圈”。

《秋田》是出品人鲁大举进入影视行业的第一部电影作品。如果说，周立冬作为导演用电影讲述自己的欲望，那么，鲁大举为什么会有这样的选择？

做 HR 给了我最好的积累

《上财商学评论》：您是一位跨行业的人力资源专家。您觉得人力资源对其他行业(如电影)最大的价值点在哪里?

鲁大举： 关于人力资源可以说的内容特别多，其中核心的一条是人和组织的匹配。无论哪个行业，人力资源管理战略一定要随着企业未来的战略来思考。其重要价值是科学管理，对每个岗位的成本进行精算，不乱花钱，合理分工，让大家有事干，让合适的人有合适的岗位。

这是一个以人为本的时代，好的人力资源管理体系，能帮助企业找到对的人，留下人才，激励人才，发挥人才的最大价值。在影视行业，电影、电视剧作品更是需要团队协作，为一个项目组建一个好团队是重中之重。尽管影视行业的团队构成有其特性，但我之前的工作经历给了我合理组建团队的经验，这对我能尽快适应影视行业帮助很大。

电影《秋田》海报

《上财商学评论》：人到一定阶段要做出改变其实非常困难，促使您转战影视行业的契机是什么?

鲁大举： 看电影是我的爱好和放松的方式。有一位商业很成功的好友提到，当一个生意到达高峰时，如果没有创新，接下来基本就是走下坡路，静水不流就有落后的风险。影视行业是一个以人为本、以好故事为本的文化行业，不像其他企业的人员有基本固定的模式，它的人员大部分是跟着项目流动的。从人力资源管理角度来看，这种人员流动模式可能会有这个行业特征的人力资源需求。下沉到这个行业，深入了解它的需求，也是我进入影视行业的一个原因。

《上财商学评论》：切入电影行业后，怎样以人力资源的价值点为影视行业赋能，又有什么收获?

鲁大举： 跨界最常见的规律是“方法的套用”。我们之前积累的经验方法，在新行业中肯定能在某个点用到。之前十多年的人力资源行业经验，给我进入影视行业两方面的便利：人力资源经验和商业经验。商业其实是一个基础学科。举个例子，一名学生之前学越基础的学科，之后跨专业学习也越容易。从一个人力资源行业的商人到一个影视行业的商人，树干是一样，只是换了树枝而已。

我在进入影视行业时，非常幸运地遇到了我的合作伙伴——周立冬导演和电影监制周强先生。同时，也有非常多的朋友，以及朋友介绍的朋友给了我很大的支持。否则，仅以我刚入行时的商业能力和人力资源能力，是不足以完成《秋田》这个项目的。但不得不说，没有前面的积累，又哪来各行各业朋友的支持。

《秋田》的计划与实际进展基本匹配。从人员安排，到拍摄进度安排，以及成本控制，我们都有用到之前的行业经验。用计划好的时间和资金，不超标地完成一个电影项目是很不容易的。我们合作到最后，还非常愉快地讨论下一个合作项目，用的是一个所有行业通用的经验：照顾好合作伙伴关系中所有人的利益，坦诚交流，互助成长。

跨界，是为了更好地完善自己

《上财商学评论》：2021 年非常流行“出圈”，过去 5 年您成功“出圈”，是做对了哪些事情？

鲁大举：（笑）可能是知名度高了、火了，才能称为“出圈”吧？我现在不是这个意义上的“出圈”，更贴切地讲应该是成功“跨界”。行与行之间隔着山，从这座山到那座山，脚跟站稳的过程是非常不容易的。

首先，跨界第一步应该是稳。在制作《秋田》时，我们对名和利保持了理性的考量：到底要追求名还是利？因为名利兼收的成功案例在这个行业并不多见。

其次，我选对了合作伙伴。电影行业的编剧、导演、演员是成就一部影片的三要素。我的合作伙伴集编、导、演三个身份于一体，从成本和出品效果上可以做到很好的控制。

最后，在进入一个新行业时，首先让自己先成为用户。

《上财商学评论》：您会选择什么样的合作方？

鲁大举：首先，要感觉对，价值观要契合。价值观是一个很宽泛的概念，双方如果能在这方面契合，就会有一个很好的合作基础。其次，是看审美能力和靠谱程度。我觉得我和周立冬导演就非常契合，希望他也这么认为（笑）。还有一点更重要的是，真正能达成合作的，往往是一个双向选择。不仅是我选人家，还有人家也在审视我。所以，在坚持以上原则的同时，我在不断地学习与交流，让更多的人愿意选择我作为合作伙伴。在不同的影视项目中，经常会认识不同的人，他们有各自的闪光点，这是一件非常愉快的事，也是最让我期待的事。

《上财商学评论》：您选择《秋田》是否带有明确的目的性，挑选项目时是否有衡量的标准？

鲁大举： 与其说我选择了《秋田》这个项目，不如说我选择了和周立冬导演合作。周立冬是一个非常有才华的人，也非常符合我选择合作伙伴的所有要求，感觉是对的人。再者，《秋田》这个剧本非常吸引我。所以，我们非常快地达成了合作初步意向，只用了一个晚上。

访谈现场 鲁大举

我对剧本的第一感觉是：这是一部献给仔细感受生活的观众群体的作品，投资不大，但题材稀缺。从投资角度和电影的后期市场预期来看，《秋田》都是一个入行的好作品。我觉得，这个类型的影片应该让更多的观众看到，包括很多国内外电影节评委们也认为这样的中国电影题材其实不多见。

还有重要的一点是，周立冬导演的创作编剧能力相当强，我不仅想和他合作《秋田》，还想合作其他的项目。2021年我们的第二个作品正在筹备中，希望大家也能喜欢。

《上财商学评论》您也参演了《秋田》，是兴趣使然，还是想表达自我，在拍摄过程中是否有个人代入感？

鲁大举： 我参演的最直接原因是导演看中了我（笑）。

刚开始，我们并没有决定由导演本人来演电影中的主人公老林。我们面试了不少演员，也有不错的主演选择，但不尽完美。因为《秋田》的编剧是导演本人，他对人物非常了解。而我从制片人的角度，是希望导演自己演，一方面是因为他对老林这个主要人物的把握非常准确，另一方面的原因是我作为制片人，对钱的方面非常敏锐，他一个人干三个人的活，而我只付二个半人的钱也是有可能性的（笑）。

导演最初拒绝了这个提议。作为一名新导演，他既要修改现场剧本，又要把控监视器里所有的景、人物、色彩、结构位置、表演状态、节奏，甚至还要带着后期制作的理念关联现场镜头。这是一种很复杂的意识状态，如果这时还要导演到摄影机前去表演，的确有些苛刻。最终，通过理性的谈判，我们达成一致：他出演，我也参演。

我演了一家大公司的采购部长，恰好符合我过去职场中遇到过的人物原型。尽管没有太多表演经验，但随着拍摄的推进，我慢慢摸到了点表演的信心（笑）。这部电影的人物和情节来自对生活的细致观察，个人代入感一定有。导演也希望能让观众产生共情。

总的来说，《秋田》是静水流深的拍摄方法。从表演角度说，所有演员都是克制地表达。电影在剪辑过程中，删减了部分泪点、笑点，不刻意儿女情长，尽量符合一个中年知识男性应有的表达状态和生活节奏。至于这部电影的中产阶级和中年危机，其实是观众后来的解读。

我们该如何走出“中年危机”

《上财商学评论》：您觉得有中产阶级吗？他们应承担哪些责任？

鲁大举：我看《秋田》时，并没有意识到主人公是中产阶级，我只认为这是中年知识男性的表达状态。当然有中产阶级，但如何定义一直有不同的标准。有人认为有房、有车就是中产，也有人认为年收入要达到一个范围才算。

普通人要承担家庭责任、工作责任，恋爱婚姻要承担男女责任。如果把《秋田》的主人公老林划分为中产阶级的话，我们可以看到他承担的压力与收入是同比增长的。把企业做好，为员工提供良好的条件，按时交纳税款，都是在尽社会责任。回到个人，有健康的体魄和精神面貌，陪伴有中年危机的朋友也都是在尽社会责任（笑）。

《上财商学评论》：如何摆脱中年危机，您是否有经验可以分享？

鲁大举：我还没到中年，才 40 岁出头，不知道中年危机是何物（笑）。你如果看了《秋田》，至少可以说出中年危机的一种类型：那就是孤独。这种孤独更多的是来自内心深处的。《秋田》的主人公老林用自己的经验告诉大家，摆脱中年危机可以跑跑步，可以和朋友们喝喝茶、聊聊天。对我来说，有效的方法是不断地与年轻人交流、学习新的事物。

重振海派影视

《上财商学评论》：您希望自己在中国影视市场扮演什么样的角色？

鲁大举： 这个没想过，也不敢想（笑）。但是，可以说一下我个人想做的事情。因为在一个行业里，“个人”太渺小了。我的一个小目标是，借人力资源行业的经验再完成一些有“良心”的作品，并期待在这个过程中有新的志同道合的合作伙伴。

老上海电影场景街道

《上财商学评论》：您是如何看待海派电影文化的？

鲁大举： 上海是“敢为天下先”的城市，是新中国电影的摇篮，在这里诞生了中国最早的一批电影公司，如上海电影制片厂。所以，海派影视首先要持续引领，其次要继续创新。

2015 年，上海市开了文艺工作会议，当时谈了“引凤还巢”计划，重振上海电影。上海市委宣传部、上海市电影局、上海国际电影节组委会和上海广电制作行业协会都在抓紧落实，给了我们很大的支持，给了电影人足够的尊重。这两年，影视公司、从业人员往上海转移的也在持续增多。

上海的观影文化比较成熟，无论是移动互联网，还是在影剧院，都可看到海派电影多元化、多维度的体现。希望上海的政策能继续支持电影公司，吸引电影行业人才，把更多优秀人才和优秀项目聚集在这个城市，形成一个更健康的电影行业生存环境。商

访某服装集团核心供货商之子

服装业的“厂二代”：现在和未来

采编｜许淑君 谢磊

“厂二代”的现状

“‘厂二代’的家族企业拥有工厂，不运营品牌，但能整合供应链，是品牌背后的制造工厂。‘厂二代’并不一定是‘富二代’，主要体现在家族财富标准方面和精神层面。”

标准“厂二代”的张先生，一开始就为我们阐述了“厂二代”和“富二代”的差异。这种说法将“厂二代”与“富二代”区别开来，与我们对从代际传承上定义的“厂二代”不同。张先生的父亲是某知名服装集团创始人之一，其家族企业是集团的核心供货商。江苏南部地区是我国服装制造业的重要发展区域，该服装集团是这一地区非常重要的一张名片，业务涉及全产业链上的几千家制造工厂，为当地带来了大量的就业和税收。由于各种原因，“厂二代”是否能够或是否愿意接班，是一个非常受关注的社会经济话题。

“对于‘厂二代’能否接管父辈的工厂，我个人的看法有点悲观。现在的‘厂二代’大多是独生子女,有的甚至是独生子女2.0版本（不仅自己是独生子女，而且父辈也是独生子女），因此‘厂二代’的压力非常大。一般来说,如果子女的个人能力比较强，接受过至少本科以上的教育，就会有比较多的想法,他们更愿意去一线城市发展，大多集中在金融、投资、装饰或设计行业，基本不太愿意接手父辈的工厂；如果子女的个人能力不强，学历不是很高，知识和能力就有限，那么管理工厂的能力也就不够。”

这或许是张先生内心的烦恼，“厂二代”必须在个人事业和家族企业之间做艰难的选择，因为他们中的大多数人是家族企业唯一的继承人。即便跨越了这道障碍，有能力并且有意愿接班的“厂二代”就一定会成功吗？恐怕也不一定，主要的因素是来自两代人的认知差异。对于张先生来说，父辈的思想是否开放、是否愿意放权、是否支持二代闯荡，是极其关键的因素。

“目前江苏大部分地区的企业家，思想还是比较开放的，他们会让子女自由选择专业和婚姻。一些集团的老一辈在60岁时，就将财务、人事和投资等公司核心管控力完全交接给新任董事长。老董事长思想开放、有气魄、有格局，新董事长有文化、有财力、努力又勤奋，把公司管理得井井有条。当然，也有与此相反的。例如，有家公司是中国第一批上市公司之一，老板的儿子是典型的‘富二代’。他不接班的原因有两个：一是公司股权结构错综复杂；二是‘富二代’的创业精神曾遭受打压，想发展的项目得不到父辈的支持。他一开始是有能力接班的，但是由于不断受到打击，和父辈的理念不同，父辈不愿意或不敢放手支持他，他接班的热情也就慢慢丧失了。”

陈凌，冯晞.2013年中国家族企业健康指数报告[M].杭州：浙江大学出版社，2013.

这种认知差异也体现在两代人对企业的未来发展方向上。传统制造工厂往往是劳动密集型企业，处于供应链的中上游，利润单薄，这就很难让见多识广的“厂二代”保有父辈创业时的激情。

“子女们看好的方向或行业，可能父辈并不了解，这种信息不对称是矛盾产生的根源。比如，有一个‘厂二代’想做一个互联网的创业项目，写了一份项目可行书给父亲看，可是父亲根本看不懂，也就很难支持儿子往这个方面发展。父辈对新兴互联网技术普遍不了解。在互联网、大数据、云服务迅速发展的当下，父辈可能才刚刚学会玩智能手机。就我本人来说，应该不会在服装行业继续做下去，因为服装行业完全是靠人力，是没有发展前景的行业。”

自改革开放以来，民营企业如雨后春笋般快速发展，其中大多数都是家族企业。家族企业的传承和治理一直是社会关注的焦点，究竟是由二代来传承还是让职业经理人来治理？家族企业的传承可分为财富传承、精神传承和企业传承三个方面。财富传承涉及家族财富在家族内部成员之间的分配，不等同于企业传承。精神传承是指家族企业无形资产的继承和延续，包括创始人的理念、价值观，以及融入企业的家族文化和创业精神等。精神传承很少被关注，也是家族企业传承的雷区。家族企业通常是由家族和企业两个体系互相融合而成，企业传承通常涉及企业所有权、经营权及受益权三种关键权利的传承。如何设计一个科学合理的机制，使这三种权利的分配和传承既具有特色又有制度的保障，并能持续促进企业的健康发展，才是保证家族企业走向现代化企业治理的关键性问题。

服装业的现状和未来

无论接班与否，“厂二代”的未来很大程度与服装业的未来息息相关。四十多年的改革开放，使中国实现了经济的快速发展，成为世界第二大经济体，也是全世界最大的服装市场之一，在全球服装供应链的供需两端都扮演着极其重要的角色。中国的服装业是最早对外开放的行业，国内市场竞争异常激烈。国际知名品牌在服装设计、供应链管理和品牌知名度方面都具有优势，而国产品牌在成本优势的基础上通过持续改进供应链管理模式和行业内部的多次重组和整合，使产品质量和品牌知名度不断提升。最近十年，尽管我国纺织服装产业行业红利逐渐消退，但国产品牌竞争能力却获得了长足的提升。知名国际品牌和国产品牌在国内市场份额上均呈现提升趋势。

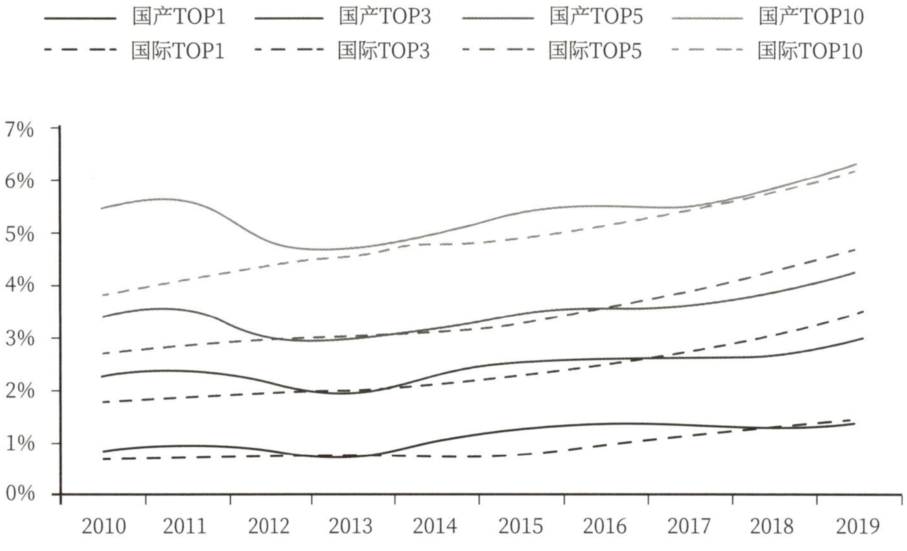

数据来源：欧睿、国信证券经济研究所。

2010—2019 年服装行业国际品牌与国产品牌市场份额的发展变化

值得注意的是，部分国产品牌在经历了 2012—2013 年的库存危机后重回快速增长的轨道，发展迅速，其中国产服装品牌以海澜之家的发展最引人注目。

品牌	2010	2011	2012	2013	2014	2015	2016	2017	2018	2019
优衣库	0.21%	0.29%	0.37%	0.48%	0.66%	0.75%	0.97%	1.11%	1.23%	1.39%
Adidas	0.61%	0.65%	0.70%	0.70%	0.71%	0.77%	0.85%	1.03%	1.20%	1.38%
海澜之家	0.28%	0.39%	0.44%	0.65%	0.08%	0.29%	0.33%	1.36%	1.25%	1.32%
安踏	0.50%	0.55%	0.37%	0.34%	0.40%	0.48%	0.55%	0.61%	0.79%	0.91%
Nike	0.52%	0.54%	0.54%	0.49%	0.47%	0.50%	0.55%	0.61%	0.68%	0.77%
Balabala	0.22%	0.24%	0.22%	0.25%	0.28%	0.33%	0.40%	0.46%	0.59%	0.75%
波司登	0.67%	0.70%	0.75%	0.58%	0.42%	0.38%	0.47%	0.55%	0.60%	0.68%
森马	0.65%	0.72%	0.56%	0.50%	0.49%	0.51%	0.50%	0.49%	0.56%	0.62%
Zara	0.21%	0.29%	0.37%	0.39%	0.42%	0.42%	0.50%	0.54%	0.54%	0.57%
拉夏贝尔	0.09%	0.17%	0.31%	0.63%	0.71%	0.74%	0.73%	0.61%	0.62%	0.45%
李宁	0.75%	0.62%	0.38%	0.28%	0.31%	0.34%	0.35%	0.35%	0.39%	0.45%
FILA	0.02%	0.03%	0.04%	0.05%	0.08%	0.11%	0.13%	0.16%	0.28%	0.45%
太平鸟	0.15%	0.20%	0.27%	0.30%	0.39%	0.41%	0.39%	0.39%	0.38%	0.36%
H&M	0.13%	0.18%	0.24%	0.26%	0.32%	0.28%	0.30%	0.30%	0.30%	0.32%
特步	0.42%	0.46%	0.39%	0.26%	0.21%	0.22%	0.19%	0.17%	0.21%	0.29%
美特斯邦威	0.83%	0.96%	0.82%	0.63%	0.49%	0.42%	0.41%	0.36%	0.38%	0.27%
利郎	0.27%	0.31%	0.28%	0.22%	0.22%	0.22%	0.19%	0.18%	0.22%	0.25%
七匹狼	0.28%	0.31%	0.35%	0.26%	0.21%	0.21%	0.21%	0.23%	0.24%	0.24%
361度	0.46%	0.39%	0.34%	0.23%	0.25%	0.25%	0.25%	0.23%	0.22%	0.22%
班尼路	0.47%	0.49%	0.38%	0.29%	0.26%	0.26%	0.21%	0.18%	0.15%	0.12%

数据来源：欧睿、国信证券经济研究所。

国内外服装品牌在国内市场的市场份额变化图

服装行业虽然是一个传统行业，但在新技术的影响下已经呈现明显的发展态势。“厂二代”的未来在很大程度上依赖于对该行业发展趋势的把握。服装行业的快速发展呈现以下主要特征。首先，顾客需求变化明显。随着生活水平的逐步提高，人们对于个性化服装的需求越来越大，对于时尚潮流的反应也越来越快。服装产品呈现多样化、小批次、流行爆款、生命周期短的特性。其次，营销渠道创新加速。迅猛发展的信息技术使服装销售渠道发生了革命性的变化，从传统线下渠道到线上销售，再到直播带货。2019 年，淘宝直播带货交易总额（GMV）达到 2 400 亿元左右，占据全平台一半以上；京东在“双十一”期间电商直播带货交易额比“618”提高了 25 倍。抖音、快手等新兴互联网企业也充分利用短视频等新模式大力发展直播带货，增速显著，2019 年服装类直播带货交易总额占抖音和快手所有品类销量的 46%。传统服装企业纷纷布局直播扩展新的销售渠道。

公司	直播/网红合作动向
罗莱生活	2019年9月18日，罗莱生活邀请蘑菇街知名主播瑜儿进行合作
水星家纺	2019年10月16日，正式入驻蘑菇街并进行线上直播 2020年3月初，水星家纺董事长李裕陆亲临直播间
梦洁股份	2020年5月11日，宣布与谦寻文化旗下的淘宝主播薇娅开展合作
太平鸟	2002年1月，女装营运中心和新零售平台负责人高雁君亲自上阵进行内部直播 2020年5月，太平鸟旗下男装、乐町两大品牌分别与刘涛、李佳琦合作
海澜之家	2020年4月，海澜之家与演员柳岩和艺人杨迪合作发布五大IP系列
锦泓时装	2020年3月，旗下品牌TW与李佳琦直播合作销售女装
安踏体育	2020年3月，联手李佳琦推出“泡泡”跑步男女情侣回弹运动鞋
李宁	2020年4月26日，与快手达人“白小白”合作进行现场跨界带货

数据来源：网易新闻、新浪财经、亿邦动力网，国泰君安证券研究。

服装类企业近年对直播的布局

大数据技术的高速发展加剧了服装供应链的重构，给传统服装制造业带来深远的影响。为了应对挑战，传统供应链必须在供需两端进行数据化改造。2020 年 9 月 16 日，阿里布局的犀牛工厂落地，从服装业切入，通过阿里巴巴平台沉淀的大数据分析消费者行为，为淘宝、天猫商家提供时尚趋势预判。犀牛智造对传统服装供应链进行数据化和柔性化改造，将服装行业平均 1 000 件起订、15 天交付的流程改为 100 件起订、7 天交货，提供小单量、多批次的供应链模式。显然，这会对服装行业未来的发展带来革命性的改变。面对行业发展的“灰犀牛”，“厂二代”有自己独特的认识。

“数据分析肯定是未来的趋势，5 年前我就想做一个 App，做一些活动让客户成为会员，在公司上新品的时候，就可以将产品推送给会员。但是，当时很多人觉得获客成本太高。其实，当时的获客成本是每人 2 元，而现在的人均成本应该超过 30 元。今后是数字时代，复购很重要，像抖音这类短视频销售也很重要。服装企业成功的背后就是依据消费者的兴趣爱好做推荐。”

突如其来的新冠病毒疫情进一步考验了服装供应链的韧性，加速了传统服装供应链的变革。可以说，新冠病毒疫情是对“厂二代”的一次压力测试，能否拥抱变化、有无如“创一代”般的韧性，将接受严酷的考验。疫情期间，线下零售进入速冻模式，服装零售表现低迷，到 2020 年一季度后才逐渐改善，5 月出现拐点。与此同时，电商直播等新零售突飞猛进，直播人才需求大增，2020 年 2 月淘宝直播开播商家数量环比增长 719%，直播人才需求同比增长 132%。通过销售数据可以看出，提前在线上布局的服装企业受疫情的影响较小。

公司名称	太平鸟	森马服饰	海澜之家	李宁	安踏体育	歌力思	天创时尚	地素时尚	安正时尚
2020年第一季度线上收入(亿元)	5.30	—	3.05	—	—	0.24	0.95	0.88	1.52
与上年同期相比(yoy)	16.29%	下滑个位数	16.9%	10%~20%低段增长		12.22%	77.25%	24.69%	110.29%
线上收入占比	38.4%	—	9.16%	—	—	6.43%	30.50%	21.60%	26.80%
2020年第一季度线下收入(亿元)	8.37	—	34.34	—	—	3.49	2.16	3.18	2.14
与上年同期相比(yoy)	-29.48%	-40%	-39.87%	>-20%	—	-35.96%	-37.28%	-37.82%	-32.11%
线下收入占比	61.6%	—	91.84%	—	—	93.57%	69.50%	78.40%	73.20%

数据来源：国泰君安证券研究。

2020年新冠病毒疫情下服装行业的销售数据

“厂二代”的过去和未来

从个人层面看，创业期的父辈很难有足够的时间和精力花在孩子的成长上。张先生对小时候的成长环境记忆犹新。

“我小时候哪有什么教育？属于到处蹭饭型。寒暑假的时候，我妈就把我放在姑妈家、舅妈家。我小时候家里条件不是很好，爷爷走得早，奶奶宁愿给人家当保姆也不愿意带我，因为做保姆能赚钱。我爸妈正在创业，一直在一线工作。我记得很清楚的是，小时候都是睡在工厂的板上，白天是工作间，晚上奶奶就在板上铺被子，变成睡觉的地方。第二天一早，奶奶就给我5元钱，让我自己买早饭、坐公交车。等到我有点懂事的时候，已经是1996年了，同学家里都已经是用桑塔纳汽车接送，而我家还是用摩托车。那时候，没有人顾及我的自尊心。所以，我感觉做实业的家庭基本上对孩子没有什么教育。我读书的时候文科、理科成绩都很好，但是后来家里没人管我，成绩就慢慢不好了。”

“我从事金融行业有点运气的成分。我从2014年下半年开始炒股，初始资金有几百万元，是父母给的。我当时对股票不了解，感觉有点像赌博，而周围人（如理发师、外婆）都在讨论炒股。当我赚到人生‘第一桶金’后，想一直做下去，后来才慢慢领悟并不断学习，从赌博转向投资。金融有‘魔鬼’和‘天使’两面，分别是赌博和投资。投资需要有长远的眼光和不断的学习。我现在关注二级市场，更偏向于稳健型的基金。”

一些“厂二代”虽然选择了金融等其他行业，但也不是完全不关注或不涉足服装行业。他们选择从充分利用新技术的角度参与服装行业，他们的未来依然与服装行业紧密相连。除了金融行业，张先生最近和他的表哥辛先生一起筹划新的创业项目。与阿里系企业有密切接触的辛先生信心十足：

“集团在服装行业里有一套自己独特的体系。既然我们能够把服装行业这么复杂的供应链整合得很好，相信对于标准化的其他产品，我们也一定可以整合得很完美。”

“不论是京东的‘京造’，还是淘宝的‘淘心优选’，都希望去掉中间商，直接从工厂到消费者。看上去，这给消费者带来了实惠，其实是有很大问题的。互联网为什么孵化不出品牌？就是因为中间商被去除了。而集团的文化源于家的文化，会留一定的倍率给中间商做品牌升级，而不仅仅是去标签化。因此，消费者或许能得到实惠，但可能创造不出像Gucci这样的品牌。我认为，从中国制造到中国品牌，去中间商是不现实的。很多企业在国外拿了品牌，然后在江苏建工厂，这还是属于中国制造。”

“当然，去中间商并不一定意味着去品牌化，平台本身也可以成为品牌。但是，数字经济下的品牌之路究竟如何走，的确值得深思。在某种意义上，网红直播也带有品牌属性，自带社交特性，有相对稳定的消费者群体，也需要做选品的决策。”

制造工厂本身处于服装供应链的中游，劳动密集、利润单薄，这是"厂二代"必须面对的"瓶颈"。一种是往供应链的上游延伸，这就涉及服装的设计和研发；另一种是往下游的销售端延伸，变成品牌甚至平台。第二种方式显然更受青睐，他们正着力突破这一"瓶颈"。

"新消费并不是盲目消费。如果网红和主播不懂产品和供应链，怎能通过直播来推荐产品呢？我很欣赏小米优选和网易严选的模式，小米一开始是专注手机和小家电的科技公司，而网易则是游戏公司。那么，我们集团为什么不能像他们一样扩大产品品类？服装是最复杂的行业，是完全非标的产品。我们能把服装行业的供应商整合好，就是我们的优势。这套体系也可以应用到其他的标准产品，为品牌方提供优质的制造加工能力，这是一个小升级的过程。我们计划未来三年，在母婴类、小家电类、家居类、家纺类这些标准化的产品上推出新业务。这对于我来说是有空间、有梦想，愿意为之努力奋斗的新模式。我们对标小米优选和屈臣氏，现在在不断招募人才；公司现在的高层来自华为、小米等高科技企业，还有很多是从专业公司出来的人才。"

"新企业应该创造品牌，既要与供应商实现共赢，又要给消费者带来实实在在的好处。如果某个供应商自己研发新品，我们就会鼓励，保证供应商能以3倍以上的价格卖出。这样，供应商才会愿意花更多的钱研发新品，因为新品的利润高。如果供应商的产品是标品，那我们就质检，不给予太高的倍率，让专门的质检人员对价格进行限制、对产品进行检测，集团在控制产品价格和质量方面与别人是不一样的。"

那么，具体到由谁来运营未来的企业呢？张先生认为让职业经理人来治理企业是未来的一个趋势。

“过去30年中国是没有CEO的，这是因为市场足够大。过去的市场有大量的机会，产生了一大批创业的企业家。未来的市场饱和，没有很多机会，那模式的创新就更重要。如果商业模式成功了，就会卖给财团，因为自己无法生存，否则就会被扼杀在摇篮里；没有创新能力的企业只能维持生存，比如开修车行或小卖部。因此，未来会出现更多的职业经理人。”

“我比较认同华为的管理模式，就是合作共赢。只有合作共赢才能留住人才，而不是将人才绑定。比如，可以通过AB股股权分配的方式激励。上一代没有考虑过这种新的合作方式，思想还是比较老套。老董事长早退或许是件好事，说明有好的接班人和团队。集团将很多新品牌并购，采取股权激励的方式，让大家共同分享盈利，这也是集团董事长的格局所在。一个企业最值钱的是品牌价值。”

作者声明：所有访谈材料均是真实情况，反映真实的“厂二代”现状。依据访谈对象的要求，我们隐去真实姓名。非常感谢两位访谈对象接受我们的采访。另外，感谢上海财经大学商学院的博士研究生郑朝南同学收集和整理相关资料。

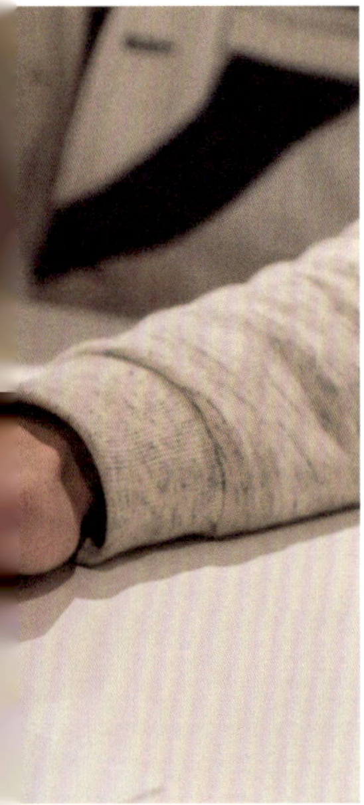

05

特邀专题

回望 1917：上财百年商学办学理念的传承与发展

文｜应望江

回望 1917：上财百年商学办学理念的传承与发展

文｜应望江

摘要：上海财经大学百年办学历程是中国高等商学教育发展的一个缩影。按照办学进程和类型定位，学校发展划分为以上海商科大学为代表的初创时期、国立上海商学院时期、上海财经学院时期、上海财经大学时期四个主要时期，各时期学校办学理念与办学特色既一脉相承又与时俱进，体现了具有时代特征的传承创新。通过对办学类型和办学理念的梳理概括，力求从大学文化维度全景式展现走向中国特色世界一流商学教育的发展之路。

关键词：商学教育；办学理念；上海财经大学

收稿日期：2021-07-05。

作者简介：应望江，上海财经大学发展规划处（学科建设办公室、研究室）处长、高等教育研究所所长、《财经高教研究》主编，公共经济与管理学院教授、博士生导师。

办学理念是大学的灵魂和文化精神的象征，是指导大学办学实践的核心思想。作为现代中国高等商学教育的先行者和探索者，上海财经大学历经百年沧桑，九易其名、十迁其址，坚韧不拔、弦歌不辍，始终与国家共命运、与时代同生长，在长期办学实践中积累了丰富的教育思想。遵循学校办学历史进程，百年上财发展可划分为四个时期：以上海商科大学为代表的初创时期、国立上海商学院时期、上海财经学院时期和上海财经大学时期。在各个历史阶段，因学校所处的社会环境、时代背景、学校实力和发展定位等差异，其办学理念的表述各有不同，但其凝练的精神内核却始终在学校由小到大、由弱到强的发展历程中闪耀着璀璨的光芒，在探索中国特色世界一流商学教育发展之路中彰显磅礴的力量。

一、以上海商科大学为代表的初创时期 1917年7月—1932年7月

1894年的中日甲午战争，泱泱大国竟然败于一衣带水的近邻小国，这极大地激起了中国知识分子的民族耻辱感，救亡图存成为时代最强音。康有为提出政治救国，张元济提出教育救国，郑观应等人提出商业救国。发展商学教育从民间共识上升为政府决策。民国初立，临时政府教育部先后颁布《专门学校令》和《大学令》，规定了专门学校包括商业等十类，大学分商科等七科，确立了商学在中国高等教育中的地位。

1917年7月，为适应民族工商业发展对商业人才的迫切需要，时为华东学区最高学府的国立南京高等师范学校（以下简称"南高师"）增设商业科，上海财经大学由此发端。三年后，按照改南京高等师范学校为国立东南大学计划中有关商科"因人才和环境关系，应在上海择地建设"的规定，国立东南大学、暨南学校筹划合设上海商科大学。1921年9月28日，上海商科大学举行开学典礼，中国历史上第一所商科大学在上海正式诞生。"国内有商科大学，自本校始。"[1] 1922年7月，暨南学校退出，上海商科大学改由当时国内仅有的2所国立综合性大学之一国立东南大学独办。据民国首任教育总长蔡元培统计，1922年全国共有5所国立大学，[2] 而上海商科大学是其中唯一的一所专门学校。[3]随后，学校历经国立东南大学分设上海商科大学、国立第四中山大学商学院、江苏大学商学院、国立中央大学商学院阶段，直至1932年8月。

这一时期，郭秉文的办学思想有着重要地位。作为近现代中国最著名的大学校长之一，郭秉文秉承"寓师范于大学"的思想和"文理并重，学术并举"的理念，在政府支持下创建了"第一所现代国立

①上海商科大学章程摘要[N].申报,1921-08-04.

②蔡元培在《晚清三十五年来之中国教育》一书中收录了1922年时设有的国立大学和私立大学数量。

③根据当时教育部颁布的壬子癸丑学制中《专门学校令》，专门学校是与大学平行的一种高等教育，分类培养商业等十类高级应用型专门人才。

上海商科大学全体师生员工合影

高等大学，在当时也自然是最好的大学”之国立东南大学，实现了其“以欧美高等教育为蓝本、以中西融合的方式创办中国人自己的大学”的理想，对中国高等教育近代化起了极大的推动作用。郭秉文在主长南高师、东南大学七年的同时，兼任上海商科大学校长近四年，他认为“以西方之所长，与吾国数千年行之而宜者融合之，成为一种教育，庶几无枘凿之患。”[①]融合中西、取长补短、渐进改革成为郭秉文教育思想的特征。他的办学思想和实践，不仅使上海商科大学得以创建和崛起，也奠定了上财百年优良办学传统的思想基石。

学校定位为“中央大学区”研究商业学术之最高机关。建校初期的15年，学校都是以一个相对独立的办学实体而存在。经过前十年的创业发展，至国立中央大学商学院[②]时期，学校已成为一所国内顶尖的商学院。1928年8月，国立中央大学商学院制订了院章。院章开宗明义第一条宣称：中央大学商学院是“中央大学区”研究商业学术之最高机关，宗旨是“顺应社会需要，以培植商业专门人才”。这是学校最早提出的“研究型大学”学校定位的思想萌芽。

提出了以诚为训、以德为高、“德、智、体”三育并举的育人目标。“三育并举”是南高师和国立东南大学的一个育人指导思想，即育人的理念和目标。这一思想以培养学生完善人格为办学的标准。南高师首任校长江谦认为，诚涵知、仁、勇，诚育德、智、体，要求全体师生均须以诚植身、以诚修业、以诚健体、以诚处世、以诚待人。1918年南高师代校长郭秉文（后任国立东南大学兼上海商科大学校长）倡导民族的、民主的、科学的南高师精神，培育“诚朴、勤奋、求实”的校风。他在《关于本校概况报告书》中指出，“本校以诚为训育之本，亦以诚为智育之本”。郭秉文对德、智、体“三育”的标准、实施及其相互关系，做了比较全面的阐述，既弘扬了中华民族的优良传统和优秀文化，也吸取了欧美国家的先进科学文化。在1924年所撰的《中国的商科教育》一文中，郭秉文明确地提出了自己发展商科教育的主张。他清醒地认识到，“没有任何灵丹妙药可以医治学校民族的伤口，而只有工业、商业和教育，才有可能为解决重大国计民生问题铺平道路”。他认为，“社会非常需要一个强有力的教育机构，来致力于培养一大批不仅具有商业知识和技能，还有组织能力和领导素质的学生”[③]。在此基础上，上海商科大学创建伊始即将具有“组织能力和领导素质”的商业人才，作为学生培养目标。由此，在学科设置上，他主张文理并重，学术并举；在办学宗旨上，强调面向实际，服务社

首任校长 郭秉文

① 郭秉文．中国教育制度沿革史[M]．北京：中华书局，1916:150.

② 1928年5月挂牌的国立中央大学是当时全国院系最全、规模最大的综合性大学，设8个学院34个系科。这种设置达到了1929年7月国民政府公布的《大学组织法》规定的“大学分文、理、法、教育、农、工、商、医各学院”规定的上限。

③郭秉文．中国的商科教育[C]//远东工商活动：1924[M]．上海商业大百科全书公司，1924.

① 朱迎平.郭秉文的办学理念与创建上海商科大学的实践[J].财经高教研究,2010(2).

② 张其昀.郭秉文的办学方针[C]//郭秉文先生纪念集[M].台湾"中央美术院",1971:1-3.

会；在学术视野上，倡导面向世界，促进交流。①郭秉文提出的育人理念和目标，对于学校教育实践的指导意义在一定程度上可以说是永恒的。

当然，“三育”的标准和实施方法，则应与时俱进，随着时代发展和社会进步，不断赋予新的内容。1929年国立中央大学商学院院长程振基在《商业教育之重要及其本身问题》一文提出，“大学商科之目的，则宜以养成熟悉商场富有判断力之学生为指归。至大学之责任，尤在引导商业趋于光明之路，蔗学与用二者相辅而行”。

提出了通才与专才、人文与科学、师资与设备、国内与国际“四个平衡”的指导思想。这一治校方略，突出反映了郭秉文将南高师改组扩展为东南大学、并把东南大学办成当时中国唯一的综合大学，以及力排众议将商科东迁上海成立上海商科大学、建设国内第一所商科大学的理想追求（东南大学商科迁至上海，在东南大学内部曾引起激烈的争论，之所以迁至上海办学，出于两点考虑：一是商科不同于一般的文科，必须多行实习于学校和社会，只有国际贸易和商业活泼繁盛之地，才是商科办学最适宜的地方；二是商科教员不同于普通文科教员，不仅需要丰富精深的学术造诣，还须兼具规划商业的实际才能，若要延聘到这样的教员，唯将商科办在上海方有可能，因为在上海从英美大学回来的留学生较多，在南京则较难物色）。郭秉文的办学方针则可以概括为一个“平”字。郭秉文晚年曾对其学生张其昀畅谈50年前的办学方针，他认为，“《大学》里‘平天下’的‘平’字，乃是治学治事最好的座右铭”。要办好一所大学，最重要的是要达到“四个平衡”，即“通才与专才平衡”“人文与科学平衡”“师资与设备平衡”“国内与国际平衡”。②

毫无疑问，“四个平衡”的办学方针，不仅对于今天综合大学的建设依然适用，而且对于非综合大学的建设也有着深刻的启示作用。就是说，以应用学科为主的大学，应该关注基础学科的建设，使所培养的应用人才“不致流于狭隘”；人文社会科学类大学，应该关注自然科学类的学科与课程建设，促使文理互相交叉渗透；既要把师资建设作为办学兴校的第一要务，也要注重物质条件（包括校园人文、生态环境和教学、科研条件）的改善；既要弘扬人文精神，又要提倡科学精神，力求两者的完满结合；既要推进与国内高校、企业的交往与合作，又要扩大与海外高校、企业的交往与合作。

仿照当时国际上先进的大学治理结构，坚持学者治校、提倡学术自由、鼓励学生自治，实施校董决策民主管理的管理模式。这一思想集中体现了现代欧美大学的基本理念，对于学校的建设与发展，依然有着现实的指导意义。当今大学肩负着传播、创新和发展知识的重大使命，承担着人才培养和学术研究的双重任务。只有依靠学者（教学科研工作者）办学治校，才能发展学校的各项事业；只有提倡学术自由，才能繁荣科学研究，提升学科水平；只有鼓励学生“自觉、自力、自立、自理、自动”，充分发挥教师的教学“主动、主导”作用，才能促进育人质量的提高。

面向社会办学，理论联系实际，服务社会发展。上海商科大学提出“治商业学科者，不独贵具书本之学识，尤贵具实际之常识”，主张学校办学要面向社会，服务社会，强调要加强学校与社会的联系。《国立中央大学商学院院章》明确提出：学院“顺应社会需要，以培植商业专门人才，其学程则理论与实习并重”。

上海商科大学的建立，是郭秉文“文理并重，学术并举”理念的典型体现。上海商科大学之所以能克服重重困难而最终创立，是郭秉文坚守发展商科教育“不仅是用商业知识和技能，还要用组织和领导能力来对学生进行培训，为国家繁荣和国际合作做出自己应有的贡献”[①]的信念，并根据中国实际情况进行大胆借鉴和探索的结果，也与他重视商科这个“术”科，在中国的商科教育尚处于婴儿时期就认识到其显现出的“成长的可能性”，并对创建事宜亲力亲为有直接的关系。上海商科大学的诞生，更是开创了中国高等财经教育的先河。郭秉文指出，上海商科大学“在中国高等商科教育所处的奇特和几乎独一无二的地位”。从这一点上说，办学实践本身客观地推动了中国高等商科教育的发展。

上海商科大学（霞飞路 290 号“尚贤堂”校址）

①张次博．上海商科大学的成立及其办学启示[J]．财经高教研究，2011(3).

二、国立上海商学院时期　1932 年 8 月—1950 年 7 月

1932 年 8 月 16 日，国民政府教育部正式发文，学校从国立中央大学划出，独立组建直属教育部的国立上海商学院，成为中国第一所国立的独立商学院，也是当时全国唯一之专门培养商学人才的最高学府。[②]

这一时期（1932 年 8 月—1950 年 7 月）又分为两个阶段，前后两任院长分别为裴复恒和朱国璋，他们在办学过程中都提出了自己的理念主张，由此构成了国立上海商学院时期的办学思想。尽管两个阶段办学主张的表述互不相同，但其中包容的思想有着共同之处。

学校定位为具有“人才培养与学术

②叶孝理．上海财经大学校史：第一卷[M]．北京：中国财政经济出版社，1987:66.

研究兼重”双重功能的学术机构。1932年8月，学校制定《国立上海商学院章程》，提出“本院为研究商业学术最高机关……适应社会需求，以培植商业专门人才为宗旨”。裴复恒上任伊始，就以“灌输高深商业技术知识，养成企业精神及提倡研究学术风气”作为办学方针，明确提出了学院的两大功能，即商学人才培养和学术研究，这是符合现代大学理念的，正如蔡元培所言“大学者，研究高深学问者也”。办学方针把人才培养放在突出位置，是符合当时学院实际情况的，对学院的目标定位是合理的。1935年10月，在新校舍落成典礼上，国民政府教育部长王世杰在训辞中提出，“现在的商学院，与二十年前英国伦敦政治经济学院差不多”[③]，希望国立上海商学院师生做到既要养成学术空气，又要建立优良校风。朱国璋主院期间，继续贯彻了这一办学方针，坚持以教学为中心，营造“浓厚的学术空气”。

③国立上海商学院．王部长在本院院舍落成典礼会上训辞[J]．国立上海商学院院务半月刊，1935(36):888.

国立上海商学院校门

提出了培养“富有创造精神、决断力及组织力之企业家”“具备企业精神之人才”的育人目标。国立上海商学院办学者的传承和发扬光大了上海商科大学提出的面向社会、依托社会、服务社会的办学基本思想，并逐步形成为学校的办学传统。在人才培养目标上，国立上海商学院强调作为唯一的国立商科类独立学院更应注意英才教育，《国立上海商学院院务报告》(1936年度上学期)明确提出，“本院为研究商学而设，为培植商业人才而设，为领导商人而设，是则本院之使命”，首次明确提出“商科教育之使命，绝非专门培植商业的技术人才；同时应培养富有创造精神、决断力及组织力之企业家，故企业精神之养成，实为重要”，指出学院要培养“具备企业精神之人才”，“对全国产业之振兴，有更大之贡献”，在中国教育史上，早在20世纪30年代，如此明确提出商学人才培养的目标，难能可贵。这一办学思想，充分体现了学校自身的特色，明确适应社会需要是学院学科设置和人才培养的出发点。1937年1月的国立上海商学院《院务报告》进一步指出，“始终以灌输高深商业技术智识，养成企业精神及提倡研究学术风气为固定不变之方针”“本院为我国研究商业之最高机关，故对于商学之研究，亦负有至大之使命”。

以延聘名师作为办学兴校的首要任务，强调教师要“教书育人、为人师表”作为办学方针。国立上海商学院继承了已往传统，教师大多具有国际一流大学留学背景，不仅在学术上都有很高的造诣，还有精湛的讲学水平，深受学生崇敬。而当时用英语授课的比例，也是相当高的。除了英文原版教材用英语教授外，每堂课前的十分钟小测验也用英语进行，这极大地提高了学生的英语读写能力。[1]强调理论与实际相结合，严格训练、专心学问的学风。在学风建设上，裴复恒倡导“忠实”，朱国璋倡导“淳厚朴实”。国立上海商学院在办学实践中，注重一个“严”字，严格教学纪律，充实理论课程，规定实习制度，鼓励学生自行实践锻炼，注重学术研究与实务部门的密切联系。朱国璋主院后，明确提出了“严格训练、树立制度、开诚布公、师生合作”的办学“四项原则”；一再强调“理论实务两相兼顾”，这既是教学方针，也是一项教学原则。朱国璋是1935年的上商毕业生，时隔10余年后，朱国璋在谈办学原则时，深有体会地指出：“本院办学素称严格”。这就表明，“淬砺节行”、严格训练是国立上海商学院一贯的办学原则，严格训练则是学校办学的优良传统之一。

①叶孝理．上海财经大学校史：第一卷[M].北京：中国财政经济出版社，1987,101-102.

三、上海财经学院时期　1950年8月—1985年8月

新中国成立后，中国高校一方面面临着社会主义改造、转轨（转到为无产阶级政治服务的轨道上）的任务；另一方面，党和国家以苏联为榜样，在经济、教育、文化等各个领域，实行有领导、有计划的集中统一管理。“财经”一词取代商学。高等财经教育在高校设立与调整、人才培养模式、学科目录等方面全面借鉴苏联经验，得到了较快的发展。学校的办学思想体现为对新兴的社会主义国家高等财经教育的路线、方针、政策的严格遵照，一些好的办学传统则在改造、改革过程中被赋予新的内涵。

学校定位为综合性财经学院。1952年前后，在全国高校院系调整中，华东地区交通大学财务管理系、光华大学商学院、大夏大学会计专修科、复旦大学财经学院、沪江大学商学院、浙江财经学院、大同大学商学院、圣约翰大学经济系、江南大学工业经济系、立信会计专科学校、震旦大学法学院夜专修科、东吴大学经济系、厦门大学企业管理

上海财政经济学院校门

苏联专家布列也夫为师生讲课

系、山东财经学院等华东地区20余所高校的财经院系相继并入上海财政经济学院，一时群贤毕至，灿然师行。学校遂成为华东地区唯一的综合性财经类高校，也是当时全国四所财经学院之一。1958年后学校再遇坎坷，先后经历合并、重建和撤销，直到1978年复校获得新生。

与前两个时期的办学思想相比较，可以清楚地看到，这一时期的办学理念，是对前者的扬弃，即继承前者中体现学校优良办学传统的一部分精髓，同时随着时代的变化和社会的发展，注入了新的思想和内涵。

以“学习苏联经验，为中国社会主义经济建设服务，坚持社会主义办学方向”为指导思想。1954年，上海财经学院姚耐院长题词“一切为着建设祖国”。他在回顾这段时期学校办学历程时曾说，新中国的诞生，标志着我国社会主义革命和建设的开始。旧大学的财经系科无论是培养目标、课程设置、教学内容，还是师资力量，都不能适应新社会的需要，亟需改革。当时，学校在办学指导思想上十分强调理论联系实际，为新中国的经济建设服务。在学习苏联经验的同时，注意同中国的实际情况相结合。[2]

这段话虽然针对第一阶段（1949—1958年）的办学而言，但也反映了第二阶段（1960—1972年）办学的实际情况。成立上海财政经济学院后，学校首先着重于教学改革工作，学习苏联先进经验，结合中国特点，编写教学大纲、教材、教学法指导书；改进教学方法；与业务部门联系，组织教师、学生参加生产实习，以使理论密切联系实际，[3]对培养目标、课程设置、教学内容进行了全面的改革，明确了总的教学目标、各系具体教学任务及教学重点。同时组织教师到人民大学学习，加强师生思想政治教育，增加政治课程（占全学习时间的四分之一），加强理论与实际联系在正课中贯彻爱国主义政治思想教育，牢牢把握社会主义办学方向。

提出了“培养体魄健全、热爱祖国、具有一定马克思列宁主义思想水平和一定经济理论和专业知识的高级经济理论人才及企业管理人才”的培养目标。在育人方法上，坚持教研结合，强调以培养高规格人才为主。在抓好本科教育的教学改革与教学质量的同时，于1956年9月创刊《财经研究》，为教师提供了学术研究园地。人才培养目标上，坚持“三育”并举，德、智、体全面发展。

② 姚耐．坚持理论联系实际 改革高等财经教育[J]. 财经高教研究，1984(3):2.

③ 上海财经学院概况介绍，1954.

前两个阶段，强调培养学生树立为人民服务的立场，具有爱祖国、爱人民、爱劳动、爱科学、爱护公共财产的国民公德，懂得政策而又有业务知识，养成从事财务工作的实际能力。上海财经学院在办学过程中，始终按照人才培养的标准，严格要求学生，在智育上运用马列主义观点、理论与实践相结合的方法，使学生打好四个方面的基础，即经济理论基础、写作基础、外语基础和专业基础。

始终坚持理论与实践相结合的办学原则。新的历史时期，学校始终坚持“理论联系实际”，并将这一办学原则贯彻到学校工作的各个方面。在上海财政经济学院1950级毕业纪念刊上，首任院长、著名经济学家孙冶方题词：“跑出学校门，到实际工作中再去学习”；第二任院长姚耐撰写题为“进一步联系实际”的文章。而在办学实践中，学校不仅坚持严格训练、理论联系实际，而且强调文理渗透、经济科学与自然科学相结合，使学生能够懂得政策而又有业务知识，以便在学校内养成学生具有从事财经工作的实际能力。

四、上海财经大学时期 1985年9月至今

1985年9月17日，上海财经学院更名为上海财经大学。陈云同志为学校题写了校名。2000年2月，学校由财政部划转教育部管理，成为教育部直属高校。2012年5月，教育部、财政部和上海市人民政府签署共建上海财经大学协议。学校成为教育部直属高校后，进入了快速发展时期，不断迈上新台阶。学校用两个十年实现了战略转型：第一个十年（2001—2010年），实现“入主流、办特色”的战略转型；第二个十年（2011—2020年），实现“办特色、上水平”的战略转型。随着教育体制改革的日益深化，高校办学自主权逐步扩大，高等教育领域的竞争日趋激烈，学校面对办学过程中出现的新情况和新问题，坚持探索，逐步形成并发展自己的办学思想，构成了这一时期的显著特点。

学校定位为鲜明财经特色世界一流大学。学校历届领导班子共同的理想追求是，把学校建设成为有特色高水平的一流大学。1991年6月制定的《上海财经大学事业发展十年规划和“八五”计划纲要》提出，90年代学校的发展目标是“建设成为一所以经济、管理学类为主，经（济）、管（理）、理（工）、法（政）结合的综合性大学，既是教学中心，又是科研中心……在国内居于一流、领先地位，在国际上有一定的影响”。1995年12月制定的《上海财经大学“211工程”整体建设规划》，提出了2010年前的总体发展目标，那就是要“建设成为一所以理论经济学科为基础，应用经济学科为重点，经、管、法、文

复建国立上海商学院老校门

相结合，高层次、国际化为特色，多学科协调发展，综合实力和整体水平在国内居于前列，在国际上有较大知名度，部分重点学科达到或接近国际先进水平的社会主义财经大学”。1997 年 7 月 18 日，在学校建校 80 周年之际，时任中共中央总书记、国家主席江泽民同志欣然题词：“面向新世纪把上海财经大学建设成为具有一流水平的社会主义大学”，为学校的发展指明了努力方向。2003 年 10 月制定的《上海财经大学总体发展战略规划》提出，“十五”期末或更长一段时期的发展目标是“建设成为一所以理论经济学科为基础，应用经济学科和管理学科为重点，‘经、管、法、文、理’多学科协同发展，综合实力和整体水平在国内居于前列、部分优势学科达到或接近国际先进水平，具有现代化、国际化、信息化发展框架的多科性大学”。“一流三化”逐渐成为学校的目标和发展框架的简称。2014 年 5 月教育部核准的《上海财经大学章程》，确立学校发展的愿景是“基于卓越的研究和教学，成为国际知名的具有鲜明财经特色的高水平研究型大学”。

2015 年 10 月，国务院印发《统筹推进世界一流大学和一流学科建设总体方案》，明确提出：“拥有若干处于国内前列、在国际同类院校中居于优势地位的高水平学科的大学，要围绕主干学科，强化办学特色，建设若干一流学科，扩大国际影响力，带动学校进入世界同类高校前列”，吹响了行业类高水平高校建设世界一流高校的进军号。根据实施“统筹推进世界一流大学和一流学科建设”战略部署，学校在“十三五”发展规划纲要中进一步提出“以创建世界一流学科建设为引领，推动世界一流大学建设”的指导思想。为了实现学校的战略目标，学校坚持以解放思想、改革创新为根本动力，从实际问题出发，勇于先行先试，不断进行突破体制、机制、传统观念束缚的改革实践，逐步解决改革过程中不断出现的新情况、新问题，着力探索适合自身发展的改革创新之路。2017 年学校入选国家“双一流”建设高校。根据《上海财经大学一流学科建设方案》，学校将聚焦“经济学与商学”世界一流学科群建设，扎根中国大地，坚持把立德树人作为根本任务，以富民强国、推动人类文明进步为价值追求，通过重点建设、整体提升，建设国际知名的具有鲜明财经特色的高水平研究型大学。2019 年学校第八次党代会进一步提出了“全面开启鲜明财经特色世界一流大学建设新征程”的宏伟目标，并制定了三步走的战略部署。因此，对学校未来发展的定位，既是国家“双一流”建设的时代使命，也是学校百年来内生发展的不懈追求。

确立了“厚德博学 经济匡时”的校训和校风教风学风。从南高师创办商科起，学校就把通过经济和商业服务国家和社会作为自己的自觉追求。国立东南大学分设上海商科大学的“商科概况”中有言，“现在国内商业专门教育极感缺乏，而商业之发展日新月异，本大学之责任与事业将随之继长增高焉”。[①]国立上海商学院创办的《商兑》发刊词中提出“匡持国家，补益社会”之语。[②]1934 年上海商科大学教务主任马寅初为国立上海商学院毕业纪念刊题词“经济匡时”，学校经济匡时之精神从此奠定并世代传承。在“十一五”发展规划中，学校进一步确立了“厚德博学 经济匡时”的校训，其中“经济匡时”即传承于马寅初的题词。因此，学校校训渊源于中国经典，蕴含了深厚的华夏文化；植根于学校传统，凝聚了数代上财人的智慧；是与时俱进的价值体系，彰显了学校的核心价值观。该校训寓意上财人在修身治学的过程中志存高远、道德宽厚、海纳百川、学问广博，并通过自己的专业和学识经世济民、匡扶国家、服务社会、引领时代。[③]“十三五”时期，学校在充分论证的基础上，确立了“博雅诚朴、守正创新”的校风、“至诚谨厚、思远笃行”的学风、“平允尚贤、求真问道”的教风，要求使广大师生内化于心、外化于行。

确立了“面向社会、务实求真、立

① 国立东南大学一览·商科概况（1923），上海市档案馆藏。

② 叶孝理．上海财经大学校史：第一卷 [M]. 北京：中国财政经济出版社，1987:82.

③ 王慧萍，应望江．试释上海财经大学校训之涵义 [J]. 财经高教研究，2009(2).

上海财经大学鸟瞰图

德树人、经世济国”的办学理念。2000年学校迎接教育部本科教学工作优秀评价期间，组织专门力量对办学思想进行了梳理。围绕“坚持理论联系实际，培养适应社会需要的‘企业家型’人才”这一主题，开放办学，把学校办成企业家的摇篮；理论与实践相结合，培养学生的求真务实精神；密切与社会联系，努力为国家经济建设服务三个方面论述了学校办学思想上的特色。在此基础上，学校将80余年来历经传承与发展的办学理念概括为十六个字—“面向社会、求真务实、百年树人、经世济国”，并将其作为学校本科教育的主要特色之一写进了本科教学工作优秀评价的学校自评报告，得到教育部评价专家组的一致认同。这一办学理念是对学校80多年来办学历史、办学传统与办学特色的凝练，是对学校历史上历届校领导特别是一些知名教育家的办学智慧的结晶，是在新形势下提高教育质量、推进创新人才培养的源泉和动力，既反映了学校一贯来的教育观和办学目标，也体现了教学观、人才观等诸多方面，还凸显了学校的学科特色与专业特点。2014年4月24日教育部核准生效的《上海财经大学章程》，明确学校的办学理念为面向社会、求真务实、立德树人、经世济国。

明确了“扎根中国、放眼世界、立德树人、追求卓越”的办学宗旨。“十三五”期间，面向新时代新要求，学校经过广泛征求意见和认证，明确了“扎根中国、放眼世界、立德树人、追求卓越”办学宗旨。其中，扎根中国大地办大学是新时代“为党育人、为国育才”的根本要求，扎根中国是学校的出发点和落脚点。只有牢牢扎根中国、服务中国，学校办学才有深厚的根基。中国特色世界一流是学校的目标方向，而放眼世界是大学的世界观和方法论。只有放眼世界，才能够不囿于一方天地，才能站得高、看得远；立德树人是学校的根本使命，也是学校百年来办学的优良传统；追求卓越也是上财一贯的敢为人先、敢争一流的精神境界，它已贯穿于学校每个工作领域，内化于每位上财人的行动之中。在新时代下，学校坚持以德立人、以智慧人、以体健人、以美化人、以劳塑人，将德智体美劳五育培养目标和要求有机融入人才培养全过程，丰富和发展了当年郭秉文倡导的“三育并举”思想。

凝练了“坚持正确方向、坚持立德树人、坚持放眼世界、坚持敢闯善创、坚持内涵发展、坚持追求卓越”的百年办学方略。坚持正确方向：坚持社会主义办学方向，深化对学校发展战略和发展目标的认知，丰富和完善学校发展战略顶层设计架构。坚持立德树人：以立德树人为根本任务，着力培养有坚定理想信念、具有民族精神和全球视野，富有创造力、决断力、组织力及坚韧力的卓越财经人才，切实肩负起培养德智体美劳全面发展的社会主义建设者和接班人的神圣使命。坚持放眼世界：以中国特色、世界一流为核心，扎根中国大地，以广阔的国际视野推动学校全方位的改革；主动对接国际学术评价、评估标准，争做世界高等财经教育的参与者、推动者和引领者；坚持开放办学，积极引进海外优质教育资源，搭建双向交流平台，构建多层次、多类型的国际化人才培养体系。坚持敢闯善创：以解放思想、改革创新为根本动力，系统谋划，实事求是，着力探索适合自身发展的改革之路；以改革创新的最大优势谋求更大发展空间，促进学校各项事业实现跨越式发展。坚持内涵发展：坚持卓越人才培养定位，将不断提高教育质量作为学校事业发展的生命线；坚持“主干、一流的经管学科，精干、先进的法文理工学科”的学科格局，以“经济学与商学”世界一流学科重点建设为引领，整体提升学科建设水平。坚持追求卓越：以“鲜明财经特色世界一流大学”引领全面发展，将追求卓越的精神贯穿于学校事业发展全过程。

一百多年来，上海财经大学走过了一条从小到大、从弱到强的稳步、协调、健康发展之路，谱写了我国高等财经教育发展史的重要篇章，为我国高等财经教育的发展积累了宝贵的实践经验。学校办学理念与百年办学传统及办学特色一脉相承，是与时俱进、在坚守传承中创新的办学历程的真实写照。百年来传承创新所形成的校训、校风、教风、学风、办学理念、办学宗旨、办学方略等所构成的上财特色大学精神体系，是历代上财人办学智慧的结晶，是上财奉献给中国商学教育事业的宝贵财富。在其指引下，经过数代人的艰苦创业和努力奋斗，学校已初步建成国际知名的具有鲜明财经特色的高水平研究型大学，在新时代、新征程中，必将继续指引上财人为建设鲜明财经特色世界一流大学开拓奋进，为中国高等商学教育创新发展书写新的光辉篇章。商

参考文献

[1] 上海财经大学志编纂委员会 . 上海财经大学志（1917—2017）[M]. 上海：上海财经大学出版社，2017.

[2] 上海财经大学校史研究室 . 郭秉文与上海商科大学 [M]. 上海：上海财经大学出版社，2010.

[3] 上海财经大学校史研究室 . 国立上海商学院史料选辑 [M]. 上海：上海财经大学出版社，2012.

[4] 上海财经大学档案馆 . 上海财经大学校史档案资料选辑（1914—1950 年）[R].2003.

[5] 姚耐 . 坚持理论联系实际 改革高等财经教育 [J]. 财经高教研究 ,1984(3).

[6] 金炳华 . 关于上海财经大学事业发展十年规划和“八五”计划纲要的报告 [J]. 财经高教研究 ,1991(2).

[7] 叶孝理 . 上海财经大学校史 : 第一卷 ［M］ . 北京 : 中国财政经济出版社 ,1987.

[8] 叶麟根 . 贯彻党的“十三大”精神，加强党的建设，推进学校的改革和发展：在中国共产党上海财经大学第三次代表大会上的报告 ,1989-04-10.

[9] 潘洪萱 . 抓住机遇 深化改革 加快发展 为建设一流财经大学而奋斗：在中国共产党上海财经大学第四次代表大会上的报告 ,1994-07-07.

[10] 谈敏 . 开拓创新 转变作风 与时俱进 为建设具有一流水平的社会主义大学而奋斗：在中国共产党上海财经大学第五次代表大会上的报告 ,2002-01-06.

[11] 马钦荣 . 全面贯彻落实科学发展观 为实现学校“十一五”发展规划目标而奋斗：在中国共产党上海财经大学第六次代表大会上的报告 ,2006-07-06.

[12] 丛树海 . 凝心聚力 追求卓越 为建设具有鲜明财经特色的高水平研究型大学而努力奋斗：在中国共产党上海财经大学第七次代表大会上的报告 ,2013-07-08.

[13] 许涛 . 扎根中国 匡时创新 全面开启鲜明财经特色世界一流大学建设新征程：在中国共产党上海财经大学第八次代表大会上的报告 ,2019-05-24.

[14] 丛树海 . 弦歌不辍百年路 薪火相传匡时魂：在上海财经大学 100 周年纪念大会上的讲话 [J]. 财经高教研究 ,2017(4).

[15] 樊丽明 . 勇立潮头敢为先 奋楫扬帆谋新篇：在上海财经大学 100 周年纪念大会上的致辞 [J]. 财经高教研究 ,2017(4).

[16] 蒋传海 . 新时代的中国大学新使命：在上海财经大学 100 周年中外大学校长论坛上的发言 [J]. 财经高教研究 ,2017(4).

[17] 杨艳萍 . 近代中国商学兴起研究［M]. 北京：经济科学出版社 ,2012.

[18] 张次博 . 学校历史凝练的办学理念和校训探析 [J]. 财经高教研究 ,2004(3).

[19] 喻世红 . 图说上财：1917—2017[M]. 上海 : 上海财经大学出版社 ,2017.

[20] 应望江 . 中国高等教育改革与发展 30 年（1978—2008）[M]. 上海 : 上海财经大学出版社 ,2008.

[21] 应望江 , 孟渊 . 学校办学理念与办学类型发展的综述 [J]. 财经高教研究 ,2005(2).

[22] 应望江 . 厚德博学 经济匡时 [N]. 中国教育报 ,2008-10-21.

[23] 王慧萍 , 应望江 . 试释上海财经大学校训之涵义 [J]. 财经高教研究 ,2009(2).

[24] 应望江 , 宋旭璞，喻世红 . 郭秉义教育思想在中国商科院校的实践与发展 [A]// 耿有权 . 郭秉文教育思想研究 [C]. 南京 : 东南大学出版社 ,2014.

[25] 章益国 , 应望江 . 百年匡时 不负荣光 [N]. 中国教育报 ,2017-11-16.

[26] 应望江 , 陈祥龙 , 高耀丽 . 中国高等商学教育起源初探 [J]. 财经高教研究 ,2017(1).

[27] 应望江 , 吴云香 . 中国高等商学教育的百年历程概览 [J]. 财经高教研究 ,2017(3).

[28] 应望江 , 张锦华 , 宋旭璞 . 一流财经大学建设的探索与实践 [J]. 财经高教研究 ,2017(3).

[29] 应望江 . 上海财经大学办学铭释义 [J]. 财经高教研究 ,2018(1).

[30] 吴云香 , 应望江 . 新时代财经院校办学理念传承与创新 [J]. 财经高教研究 ,2020(2).

06

产业综述

先导产业发展趋势

文｜余典范

先导产业发展趋势

文｜余典范

未来产业发展的趋势大致可以用数字产业化和产业数字化来概括。数字产业化主要包括集成电路、大数据、人工智能、5G 等新一代信息通信技术、工业互联网等的突破发展，而产业数字化则意味着不同产业在数字化赋能下不断提质增效，实现更加智慧的全产业链活动。其中，最具代表性的是先导性产业的加速发展，如集成电路、人工智能、生物医药，以及被数字化加持的先进制造。从研发活动的投入和产出，我们可以一窥产业技术发展的重点。从产业研发支出的具体技术领域来看，信息通信技术的产业研发资金最多，每年有超过 2 000 亿美元的投入，生命科学紧随其后，近年正朝着 2 000 亿美元迈进，之后是千亿级别的汽车及百亿级别的先进材料、航空 / 国防和能源。这些产业领域是创新活跃、社会资金关注的风口。从技术创新的产出来看，按照世界知识产权组织（WIPO）的数据，2020 年全球 PCT 专利申请分布靠前的技术领域中，信息技术、生物技术是全球创新的重点领域。PCT 专利申请公开量超过 1 万件的有计算机技术、数字通信、电机仪器和能源、医疗技术、测量、交通 6 个技术领域，占 PCT 专利的总数近 40%。这些领域是今后产业创新发展可能的爆发点。这也意味着大国在前沿技术的博弈日趋激烈，而集成电路、人工智能、生物医药、先进制造因是其他产业发展的基础而备受关注，这些产业已经进入了大国竞争的赛道，技术的卡位与政治因素的糅杂使得先导产业的发展充满了更多的不确定性。

资料来源：肖尧，魏莹. 2019 年世界前沿科技发展态势及 2020 年趋势展望 [EB/OL].（2020-01-29）. https://www.dx2025.com/archives/42291.html.

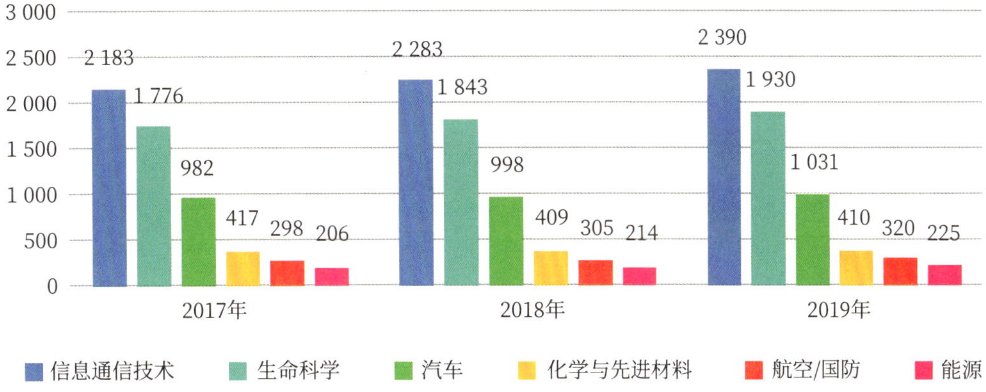

资料来源：肖尧，魏莹. 2019 年世界前沿科技发展态势及 2020 年趋势展望 [EB/OL].（2020-01-29）. https://www.dx2025.com/archives/42291.html.

全球主要技术领域产业研发投入

集成电路：需求的极速扩张与技术的快速更迭使其成为最重要的风口产业

集成电路作为人类技术史上伟大的发明，是制造业的核心和基础，也是重要的战略性先导产业。它在我们的生产、生活中无处不在，大到飞机、轮船，小到手机、微型存储设备等，都发挥着重要的“原料”作用。特别是随着整个经济社会数字化转型的加速，各个产业对集成电路的需求依赖度显著上升，如供应受阻则会成为制约产业升级的“阿喀琉斯之踵”，近期的“芯片荒”即是最好的例证。这一产业是大国博弈的重点领域，美国对中国这一产业的打压形成了技术出口管制、技术授权的长臂管辖、实体清单等多重限制措施，其目的是将我国的集成电路产业锁定在低端。集成电路行业的发展，技术难度、人才高度、产业链长度、资金厚度、政策力度等因素缺一不可，需协调一致、相向而行。

无论是集成电路的发轫者美国、优秀的追赶者日韩，正是在集成电路设备和知识产权等领域有优势的欧洲，甚至是代工冠绝全球的中国台湾地区，持续的技术创新都是其发展的根本。因集成电路设计和生产的复杂性较高、摩尔定律对技术升级的压迫性等致使研发周期长、市场窗口期短，而一代落后又意味着追赶的难度呈几何级数上升。以集成电路制程工艺为例，目前中芯国际不仅落后台积电和三星 2 ～ 3 代，而且在工艺的先进性和产能方面差距更明显。从务实的角度来看，我们要脚踏实地地追赶，占领主流市场并在此基础上进行升级。在代工制程上，一方面，28nm 及以上成熟制程是目前芯片领域的主流制程，28nm 以上成熟制程占当前芯片市场规模的 60%，而中国市场超过 80% 是 20nm 以上的，如果能够实现国产化，则产业的前景非常广阔；另一方面，目前 28nm 及以上成熟制程芯片的国产自给率不到 20%，意味着国产替代的空间非常大。

单位:nm

	2011年	2012年	2013年	2014年	2015年	2016年	2017年	2018年	2019年	2020年	2021年
台积电	28			20	16		10	7		5	
英特尔	22			14					10		
三星		28		20			10		7		5
格罗方德			28	20	14		10				
联华电子		28					14				
中芯国际					28				14		

2011—2021 年集成电路制程工艺发展历程

集成电路是人才高度密集的产业。谋事在人，成事也在人，往往是由领军人才来带动某一产业环节的快速发展，中国集成电路产业追赶的过程中，引进人才发挥了重要作用。集成电路的试错成本极高，因此其人才培养需要在实战中才能不断得以积累提升，而我国长期以来在此领域的人才缺口较大。大力引进海外人才、推进企业与学校合作培养人才是加快集成电路人力资本积累的重要途径，韩国、中国台湾地区就是利用这种方式快速集聚、培养了一大批人才，实现产业的追赶。

集成电路的产业链纵向可分为设计、制造、封测等环节，具体的产业链条较长且复杂；横向来看，材料与设备是分布较广、较关键的要素，其在每个产业链环节中均有较重要的作用。材料，如人们较为熟知的硅片、光刻胶、电子气体、靶材、抛光材料、湿化学品等，基本被日本、美国、德国等占据，体现了这些国家在基础科学方面的领先地位。设备在每个环节均是工艺实现的关键，从扩散工艺用到的扩散炉、光刻工艺用到的光刻机、刻蚀工艺的刻蚀机、离子注入的离子机、薄膜沉积设备及清洗机，到封测环节所用的切割减薄设备、度量缺陷的检测设备、键合封装设备以及测试环节用到的测试机、分选机、探针台等，都是极其精密、技术含量高、制造难度大的设备，中国整体上落后于先进水平。集成电路产业链的复杂性、专业性和集成性，导致能够涵盖设计、制造、封测等各环节的垂直一体化厂商极少，在全球形成了企业间比较明显的垂直分工：无生产线的设计公司（Fabless），如高通、博通、海思等；不做设计的晶圆代工厂（Foundry），如台积电、中芯国际等；专业的知识产权（IP 核）供应商，如 ARM、新思等；封装与测试厂商，如日月光、长点科技等。总体而言，中国在每个垂直分工上都有布局，虽然在设计和封测环节与先进水平差距不大，但在代工环节有非常明显的差距，这本质上的原因是基础材料与关键基础技术长期形成的落差。

集成电路产业资金密集、技术密集的特点使其需要强有力的政策支持。不论是领先者美国，还是追赶者日本、韩国，都离不开政策的支持。在集成电路发展初期，美国相关部门对研发进行了大量支持。数据表明，1958—1976 年美国集成电路产业研发支出的 43% 源于政府的财政支持。日本的追赶之策在于实施了超大规模的集成电路计划，发挥了合作研发机制的效应，并取得了较大的成功，严重挤压了美国的主导地位，

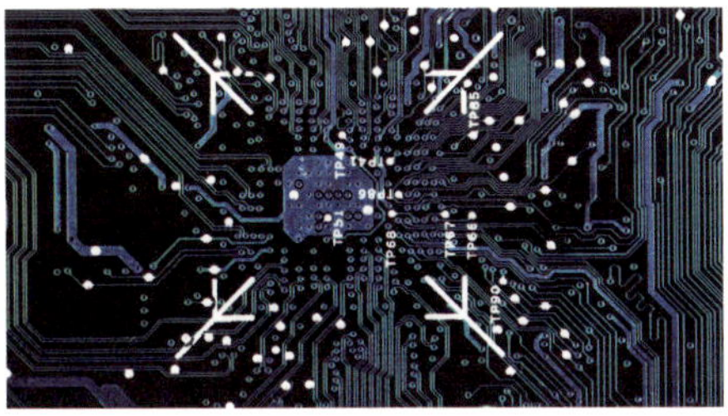

这也直接导致了美国采取技术、贸易等单边的制裁手段，最终通过签订《美日半导体协议》强迫日本市场开放，并以征收惩罚性关税等政策措施打压日本集成电路产业。在这一过程中，韩国抓住机会通过政府、大企业支持研发活动、引进国外人才，实施“逆向投资”策略等方式实现了追赶与超越。而美国在集成电路上一直保持较为领先的地位，也得益于美国政府不遗余力地利用外交、贸易、法律等手段创造的有利发展环境。作为追赶者的中国，需要通过政策引领形成社会合力，协同资源、聚焦核心环节，实现滚动、持续的支持力，形成良性的循环机制。

集成电路作为其他产业发展的基础“原料”，赋能整个产业的转型升级大有可为。未来新的需求应用会牵引集成电路的融合创新，终端应用的通用化、标准化、个性化需求对芯片的高性能、低能耗、高可靠性提出了更高要求，从而技术迭代加速有了可能，但需要技术创新和商业模式创新的深度融合。超越“摩尔定律”的诉求对第二代、第三代材料的突破与应用提出了更高要求，这也是中国可能存在“弯道超车”机会的领域。超越“摩尔定律”意味着集成电路性能的提升不再只是依靠尺寸减小和集成数量增加，而是在电路设计、系统算法优化方面有突破的可能，这些在封装测试环节体现得更为突出，也是美国要对先进芯片封装和测试给予支持政策的原因。

人工智能：在守正创新中实现经济价值

受益于集成电路的快速发展与应用，人工智能成为风光无限的“产业爆点”。一般认为人工智能的发端始于1956年的达特茅斯暑期会议，随着大数据、云计算、物联网等相关领域产业的发展，人工智能产业整体进入了新的发展阶段。作为前沿产业，全球主要城市都在争夺发展的主动权，人工智能正受到各国政府和行业越来越多的关注，相关产业政策的制定、实施与落地有力地促进了全球人工智能产业的发展。2013年以来，英、美、德、日、中等国相继推出了相关的产业政策来支持人工智能的研究与发展。英国投入大量研发资金，注重人才培养和引进；美国重视人工智能领域的公共政策，以确保人工智能健康发展；德国加强对中小企业及初创企业的技术、人才和财务支持，创建人工智能片区；日本在国家层面建立综合管理机构，支持人工智能的发展；中国从中央到地方都逐步推出了促进人工智能发展的规划、文件等。总体而言，英、美、德等国人工智能的主要推动力量是政府与行业、专家等合作建立的组织机构，通过发挥政府与市场的积极作用，支持人工智能的快速发展；日本通过设立“人工智能技术战略会议”国家层面上的管理机构，协调各部门支持人工智能；中国推动人工智能发展的主要力量来自政府及其职能机构。从产业链角度来看，由于经济实力、科技水平和国情的不同，人工智能政策在研发重点和重点应用领域也存在很大差异。各国政策的重点不同，所使用的政策工具也不同，英国、日本与中国主要采用供给面政策，美国同时注重供给面与环境面政策。

人工智能的市场热度不断发酵，在一些大平台企业的加持下，以谷歌、英特尔、微软、亚马逊、阿里、百度、腾讯等国际大型龙头企业为主导，利用各自资源整合能力与持续创新功能，对基础层底层技术与应用产品研发不断实践，围绕智能硬件与软件核心算法产业链环节上下游进行有效部署。此外，技术的成熟和底层技术框架的开源，吸引创新企业纷纷涌入，推动产业规模持续加速增长。但人工智能在发展过程中也面临着经济价值实现难、数据隐私保护和监管难等问题。

人工智能产业链较长且主要体现在对其他产业的赋能。人工智能生态自下而上分为人工智能基础层面、人工智能技术层面、人工智能应用场景三个组成部分。基础层面包括芯片、智能传感器、大数据、云计算、CPU、EPGA、ASIC、电脑芯片等，是实现人工智能的底层基础，为上游技术层面和应用层面提供了数据支撑及运算能力。技术层面是人工智能附加值最高的环节，在基础层面提供的海量数据及运算能力的保障下进行建模与训练，优化算法实现技术

落地场景的开发，如人脸识别、语音识别、机器感知、生物识别等。应用层面是人工智能技术面向终端用户的使用环节，是人工智能技术赋能各个行业、实现技术与产业深度融合提高生产效率的关键环节，如智能医疗、智能制造、智能家居、智能控制、智能安防、智能驾驶等。因此，很难按照传统的产业分类将人工智能作为一个典型的产业进行分析，它更多的是产业发展的基础，是产业发展的助推器，在产业赋能上具有典型的“肥尾”特点。尽管目前人工智能存在较大的经济和社会不确定性，但医疗、生物科学、制造、金融服务、供应链等领域的人工智能项目仍将继续加速发展。

人工智能技术发展出现了更智能的技术。目前，人工智能在听、说、看等感知智能领域达到了人类水准，但在需要外部知识、逻辑推理等认知智能领域还处于初级阶段。根据高德纳（Gartner）调查，自新冠疫情暴发以来，人工智能投资仍在增长，并综合多种技术的发展，重点体现在两个方面：一是人工智能在企业组织中的普及和广泛应用，人工智能的普及程度越高，开发人员和 DevOps（Development 和 Operations）创建企业级应用的重要性就越高；二是人工智能平台的产业化，人工智能的可重用性、可伸缩性、安全性和负责任地使用、人工智能治理都是该趋势的催化剂。按照 Gartner 的总结，2020 年的人工智能技术成熟度曲线包含 5 个新技术类别：小数据、生成型人工智能、复合型人工智能、负责任的人工智能、客户端技术。小数据首次成为人工智能技术成熟度曲线的一个新类别。Gartner 将小数据定义为一系列让企业组织能够管理更具弹性的生产模型、应对疫情及未来各种突发事件的技术，这些技术非常适用于没有可用大数据集的人工智能问题。生成型人工智能首次出现在技术成熟度曲线中的是一系列机器学习方法，从数据中学习各种人工制品的表述，生成全新的、完全原始的、真实的人工制品，保留与训练数据相似的特征而不是简单的重复。复合型人工智能是指各种人工智能技术的组合应用，用于提高学习效率，提高常识水平，最终更有效地解决更广泛的业务问题。负责任的人工智能涵盖了企业组织采用人工智能时做出正确业务和道德选择的方方面面，包括商业价值、社会价值、风险、信任、透明度、公平性、缓解偏见、可解释性、问责制、安全性、隐私和合规性等。精确度、性价比、低功耗、收集人工智能模型数据的物联网等构成了人工智能技术成熟度曲线的第五个类别— 客户端技术（Things as Customers）。Gartner 将客户端技术定义为一种智能设备或机器，亦或是付款即获得商品及服务的产品，如虚拟个人助理、智能设备、联网汽车、支持物联网的工厂设备。

数据安全与隐私成为人工智能实现产业化的重要影响因素。目前，大部分人工智能公司处于亏损状态，从概念和技术到市场的变现，基于大数据的人工智能仍然面临着数据本身带来的挑战。人工智能使用数据进行预测，其基础在于数据，特别是高质量大数据的获取，这必然会涉及数据隐私的问题。因此，隐私政策直接影响人工智能能力的发挥。隐私保护太弱，则消费者可能不愿意参与数据市场交易；太多的隐私监管，又意味着企业在使用数据进行创新时会面临较多的限制。在权衡数据使用者和提供者之间的潜在利益方面，尤其是隐私方面，法律、法规的前置显得尤为重要。我国近期出台了《数据安全法》，规范平台或企业对数据的处理处于法治化轨道内，后续也将围绕数据管理与应用、数据处理和治理等逐步形成相应的配套法律、法规，构建顺应国际趋势、符合我国需要的数据法律体系架构。另外，是否会导致行业垄断是一个潜在的政策问题。人工智能的领先公司由于在数据及处理数据方面的优势，极易形成“赢者通吃”的局面，并存在利用这些优势实施不正当竞争行为的可能。因此，欧盟与美国频频对领先科技公司进行反垄断审查，审查重点在于这些公司作为平台是否利用垄断力量损害了市场竞争。

生物医药：在新冠疫情冲击下产业分工与重构加速

人工智能的终极目标在于实现像人脑一样思考推理，而人的生命本身却面临生老病死及众多未知因素的干扰，这使生命更健康的生物医药成为关注度极高的未来产业。自 20 世纪末以来，以美国为代表的发达国家掀起生物医药的新技术浪潮，由于其具有传统化学药物不具备的特性，并在治疗重大疾病方面有良好的效果，生物医药快速崛起。近年，基因和细胞疗法、基因工程、免疫疗法和精准医学等领域取得了一系列发展，给曾被认为无法治愈的疾病带来了希望。这些发展吸引了投资机构的热情，在过去十年中，生物医药行业并购和投融资总体呈现上升趋势。全球监管机构的法规变化，包括突破性疗法和加快批准速度等对推动生物医药行业进展也有所帮助。我国的生物医药产业在政府支持和企业、科研院所的共同努力下，在短短十几年内有了显著的发展。许多医药企业已经走入国际市场，成为全球生物医药产业链的重要一环。随着中美贸易摩擦和新冠疫情暴发，世界生物医药产业发生了重大的变化。一方面，疫情期间的管制措施使得医药电商化、智能化趋势加深，疫苗研发全球竞速；另一方面，部分国家采取的药物出口管制措施使各国政府快速意识到过度参与全球分工给本国产业安全带来的巨大冲击，并由此加快产业回流速度。从我国看，疫情的全面有效控制使得防疫物资、原料药出口等众多领域快速发展，这为生物医药产业发展带来了新的契机。值得注意的是，随着疫情后逆全球化思潮的兴起，以美国为首的发达国家加强了对我国生物医药投资、出口的管控措施，因此在防范风险的前提下实现本国医药产业高质量发展将是未来的主题。

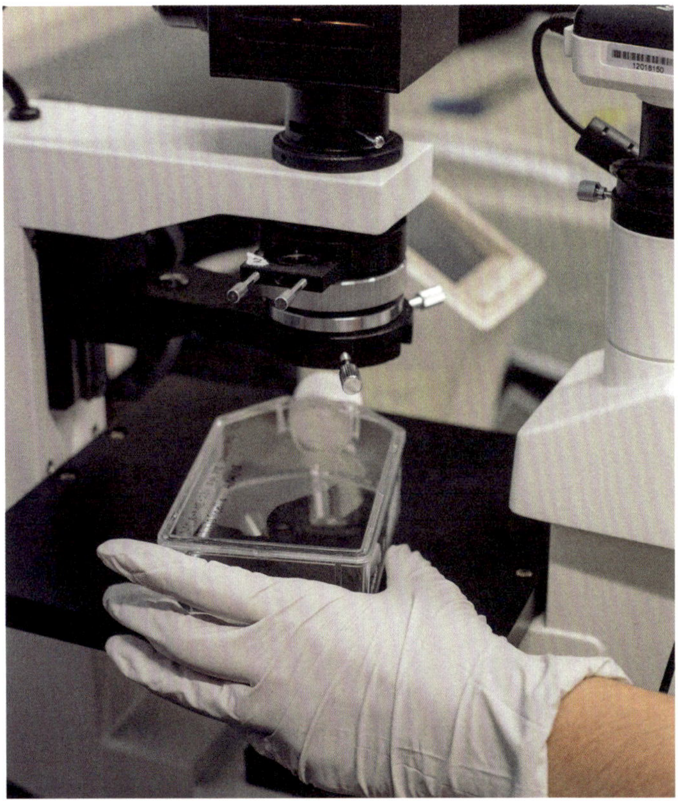

生物医药产业链呈现高度分工的趋势。产业链上游，主要从事生物医药的原料药生产和加工；产业链中游，从事生物医药（药品和器械）的研究开发及制造；产业链下游，通过零售批发和医疗服务实现生物医药的流通和应用。原料药是生物医药产业的基础，其供给直接关系到生物医药产业中游的制造和下游的销售。从原料药的供应商来看，全球原料供应商中美国占比近 40%，其次是印度和中国，均为 10% 左右。生物医药生产的另一重要材料是药用辅料，药用辅料除了赋形、充当载体、提高稳定性外，还有增溶、助溶、缓控释等重要功能，直接关系到药品的安全性和有效性。我国药用辅料产业起步较晚，药用辅料仅占医药制剂产值的 3%～5%，远低于同期全球比例（10%～20%）。生物医药产业链中游主要从事研发和制造。相对于化学药物，生物医药的研究和开发具有高技术、高风险、高投入、长周期的特点。制药企业平均每个新药的研发成本高达数十亿美元。以头部企业阿斯利康为例，1997—2011 年仅有 5 项新药获得 FDA 批准，其总研发成本高达 590 亿美元。在这种高额的研发投入下，越来越多的制药企业为了分摊风险开始将药物研发和生产外包给专业机构。这些专业机构主要有两类：一类是研发外包组织（CRO），主要向制药企业提供新药的临床和临床前研究、新药研制试验、申报注册工作；另一类是加工外包组织（CMO），主要向制药企业提供药品工艺开发、配方设计、临床试验、原料药、中间体、制剂生产包装等服务。生物医药产业链下游覆盖医药流通和应用环节。通过医药流通环节，上游和中游生产的药品和器械进入最终消费阶段。医药流通市场的发展直接关系到上游和中游企业的产品能否实现价值。从批发环节来看，欧美市场高度集中，美国前三大药品批发商拥有 90% 的市场份额；中国的市场集中度则较低。在零售环节上，美国以连锁药店为主，英国以零售药店、公立医院和配药医生为主；中国整合了电商、药店和医疗服务机构等多种方式。

新冠病毒疫情推动了生物医药产业重构。疫情防控对相关防疫药品、医疗器械的需求，既为产业发展带来重要契机，也暴露出了产业发展的软肋和问题。后疫情时代，生物医药产业链出现了新的调整趋势。一是中西医结合、中西医并重是大势所趋。此次新冠肺炎病毒与 SARS 病毒同源性高达 85%，基于中药在非典防治中发挥的作用，在新冠疫情

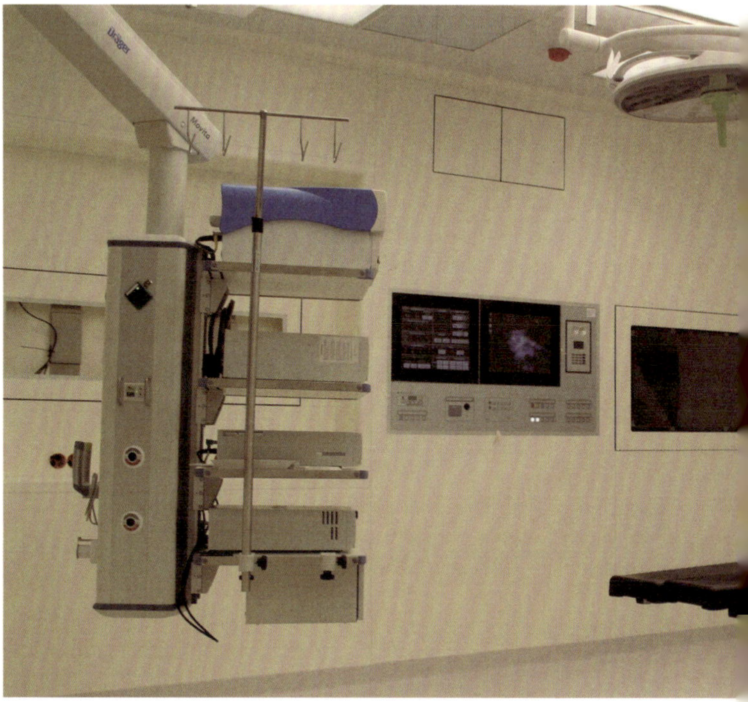

之初中医药就被用于患者的治疗，并发挥了重要作用。国家卫健委发布的《新型冠状病毒肺炎诊疗方案（第八版）》将藿香正气胶囊、金花清感颗粒、连花清瘟胶囊等诸多中药列入，为中医药的发展带来政策利好。二是医疗器械和快速诊断设备需求将增加。通过此次疫情，普遍暴露了各地发热门诊、ICU 病房和隔离病区建设不足的问题。疫情之后，各地将加大 ICU 病房的建设力度，加速升级医疗卫生系统和基础设施的建设，这将带来对医疗器械尤其是监护仪、呼吸机、制氧机、血氧仪的需求；发热门诊的快速诊断设备（如支持人工智能的发烧检测设备），需求也将大幅提高。三是人工智能、数字技术将加快嵌入医疗体系。疫情期间，远程医疗快速发展。

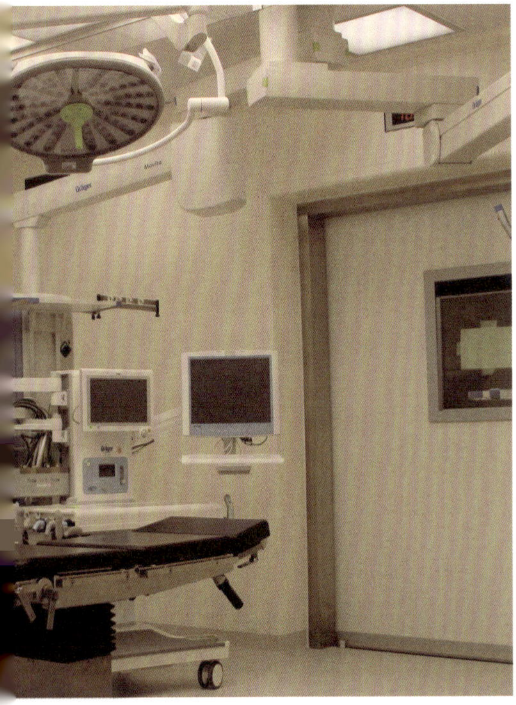

疫情后，人工智能、5G 和大数据等现代技术手段将加速与医疗诊断结合，突破医疗资源地域限制，提升治疗效率。数字技术将深入包括基因序列数据库、人工智能影像诊断、药物筛选与研发过程。另外，此次疫情中健康码的出现极大地提高了公共卫生管理效率，随着疫情逐渐得到控制，未来健康码可能会发展成为全国电子健康码，用于共享患者过往病史，方便在线就诊，减少重复检测。四是医药电商行业将迎来发展契机。疫情防控期间，居民纷纷通过线上医药平台购买药品和防疫物资，医药类应用下载量和新增用户数大幅增长，这为医药电商行业带来巨大的增长空间。五是医药制造自动化、药物研发与创新将加速。疫情防控导致的劳动力短缺，使得各制药企业无法及时开工生产，极大地影响了防疫物资的供给，许多国家不得不紧急动用相关法律要求非医药企业生产包括口罩在内的防疫产品，让多数制造商意识到医药制造自动化的重要性。为防控疫情，各国快速启动病毒研究和疫苗开发工作。如何构建高效的疫苗研发流程，并对已知病原体进行充分研究，以便在突发传染病时快速响应，将是生物医药产业发展的重要关注点。六是制药业自给能力将成为各国发展的重点。疫情使生物医药产业链的自主可控能力成为各国的重点考量。例如，作为重要供应国，印度有 80% ～ 85% 的原料药来自中国。根据印度工业联合会的数据，2019 财年印度从中国进口原料药约为

2 490 亿元，其中某些重要抗生素和退烧药原料几乎全部依赖中国。由于新冠疫情的影响，2020 年 3 月 3 日印度外贸总署发布通知，对扑热息痛、甲硝唑、阿昔洛韦等 13 个 API 及其制剂，共计 26 个产品进行出口限制，以保障国内供应。欧盟委员会于 2020 年 3 月发布外国直接投资准则，对影响国民健康的外国投资进行风险评估，以此确保供应安全。美国政府近期也对国家药品供应链的安全、稳健和弹性进行全面审查，并提出促进地方生产和国际合作、增强应急能力、增加食品和药物管理局（FDA）获得的信息的能力以改进其监测和预防能力。

先进制造：融合新技术、模糊产业边界

先进技术与前沿产业对制造提出了新要求，集成电路、人工智能等数字产业化的蓬勃发展为制造业赋予了新的内涵，带来了制造技术和制造范式的升级发展。当前，全球范围内新一轮科技革命与产业变革蓄势待发，制造业特别是先进制造业重新成为全球经济竞争制高点。无论是美国先进制造业计划、德国工业 4.0，还是新工业法国计划等，发达国家的制造业发展战略都力图保持全球先进制造业领先地位，通过发展先进制造业占据产业链的高端。先进制造业是相对于传统制造业而言的，其更多的是一种技术范式及产业发展范式的改进和优化。先进制造通常指制造业不断吸收电子信息、计算机、机械、材料及现代管理技术等方面的高新技术成果，并将其综合应用于制造业产品的研发设计、生产制造、在线检测、营销服务和管理的全过程，实现信息化、自动化、智能化、柔性化、生态化生产，取得更好经济收益和市场绩效的制造业总称。先进制造的核心要义在于利用新生产方式和新科技，创新生产过程。美国在《确保美国先进制造业领先地位的战略》中将先进制造业定义为：通过信息、自动化、算法、软件、传感器和网络，使用尖端材料及新科技等生产传统或新的产品。并明确指出，先进制造业既包括新的制造方法，也包括创新驱动的新产品生产，特别强调了网络及机器学习、生物技术

和材料科学的重要性，对于智能制造、生物医药、新一代电子信息产业给予重点关注。因此，一般认为先进制造业一部分是传统制造业吸纳、融入先进制造技术、其他高新技术，尤其是信息技术，提升为先进制造业，如新能源汽车、新材料、数控机床、海洋工程装备、航空航天装备等；另一部分是新兴技术成果产业化后形成的新产业，带有基础性和引领性的产业，如3D打印、数字制造、人工智能、大数据、智能制造等。

综上所述，先进制造有以下几个显著特征：一是先进性，主要体现在高密度、高浓度的创新要素投入,先进的生产技术，高生产率、高附加值、高集约化的生产结果。二是动态性，“先进”是对于过去和现状而言的，先进制造业的动态迭代主要面向未来，在制造过程中不断融入新的技术与生产方式。三是引领性，主要体现在通过渗透、交叉、融合等方式赋能传统产业，提升产业能级，在核心技术与标准、产业链关键环节、价值链治理方面引领产业高质量发展。

先进制造与创新及高质量的制度供给联系更为紧密。先进制造的生产范式源自技术进步，并转化为新的生产流程和商业模式。因此，先进制造业并不只是先进技术的单兵突进，需要技术创新和商业模式创新的协同推进。技术的快速发展与经济力量的结合正在改变产品和服务的构思、设计、制造、分配和支持方式。制造业与研发、产品设计、软件开发和集成系统，以及为向市场提供有价值的产品或服务而开展的生命周期服务活动等价值链不应分离。同时，可靠的知识产权和法律体系，能够有效激励创新，鼓励私营部门投资研发。对于先进制造业而言，知识产权，特别是对专利、商标和商业秘密的需求非常重要，制造企业受益于知识产权生态系统。该生态系统保护国内外的创新，使其知识产权能够按照自愿和共同商定的条件进行分配或许可，保障创新与制造之间存在良性循环。

先进制造对监管和产业组织提出了更高要求。目前，新科技革命和全球产业变革方兴未艾，新技术突破加速带动产业变革，二者深度融合、渗透，对世界经济结构和竞争格局产生了重大影响。新一轮技术革命呈现信息技术、生物技术、新能源技术、新材料技术等交叉融合特征，带动全球产业发展模式的变革。以移动互联网、智能终端、大数据、云计算、高端芯片等为代表的新经济将带动众多产业变革和创新，将催生新的产业业态，改变传统产业形态，使得信息化、大数据、智能化等成为产业价值链重塑的重要推动力量。技术和产业的发展将导致产业跨界融合向纵深推进，这也对综合监管能力提出了更高的要求。我们的产业监管与服务体系还未完全适应这一变化，现阶段仍主要以单部门管理为主，一些交叉领域的监管大多处于空白区，这由于部门间的分割形成监管的空白或多头管理，导致交叉领域要么“野蛮生长”，要么“一限了之”，失去发展的机会。

在技术和制造融合发展过程中，组织方式和形态呈现平台化的趋势。当前制造和创新活动日益社会化、定制化、大众化、网络化。创新门槛迅速降低，协同创新不断深化，创新生活实验室、制造实验室、众筹、众包、众智等多样化新型创新平台和模式不断涌现，科研和创新活动向个性化、开放化、网络化、集群化方向发展，催生越来越多的新型科研机构和组织。这些平台化趋势将带来创新活动理念、制造方式、组织模式的深刻变革，激发出前所未有的创新活力。商

参考资料

[1] 上海市经济委员会，上海科学技术情报研究所 .2020 世界制造业重点行业发展动态 [M]. 上海：上海科学技术文献出版社，2008.

[2] 余典范 . 中国产业发展报告 [M]. 上海 : 上海人民出版社 ,2020.

[3] 李清娟 , 岳中刚 , 余典范 . 人工智能与产业变革 [M]. 上海 : 上海财经大学出版社 ,2020.

[4] 余典范等在上海市经济与信息化委员会、集成电路协会、人工智能协会、生物医药协会等单位的调研访谈。